編著者簡介

吴國昇，湖南漣源人，漢語言文字學專業博士，中國文字學會理事，貴州師範大學文學院教授，“古文字與中華文明傳承發展工程”協同攻關創新平臺、鄭州大學漢字文明傳承傳播與教育研究中心外聘教授。主要從事汉字学和古漢語研究。主持國家級及省部級社科課題多項。

項目資助

本書爲“古文字與中華文明傳承發展工程”資助項目“春秋金文集釋、字詞全編及春秋戰國字詞關係對應圖譜”（項目號：G3208）階段性整理研究成果

本書由“古文字與中華文明傳承發展工程”協同攻關創新平臺、鄭州大學漢字文明傳承傳播與教育研究中心資助出版

古文字與中華文明傳承發展工程

春秋金文全編

第一册

吴國昇 編著

社會科學文獻出版社
SOCIAL SCIENCES ACADEMIC PRESS (CHINA)

圖書在版編目(CIP)數據

春秋金文全編：全六册 / 吴國昇編著. --北京：社會科學文獻出版社，2022.12（2024.8 重印）
ISBN 978-7-5228-0914-4

Ⅰ.①春… Ⅱ.①吴… Ⅲ.①金文-彙編-中國-春秋時代 Ⅳ.①K877.33

中國版本圖書館 CIP 數據核字（2022）第 198516 號

春秋金文全編（全六册）

編　　著 / 吴國昇

出 版 人 / 冀祥德
責任編輯 / 李建廷
責任印製 / 王京美

出　　版 / 社會科學文獻出版社
地址：北京市北三環中路甲 29 號院華龍大廈　郵編：100029
網址：www.ssap.com.cn
發　　行 / 社會科學文獻出版社（010）59367028
印　　裝 / 河北虎彩印刷有限公司

規　　格 / 開 本：889mm × 1194mm 1/16
印 張：199.5　字 數：3200 千字
版　　次 / 2022 年 12 月第 1 版　2024 年 8 月第 3 次印刷
書　　號 / ISBN 978-7-5228-0914-4
定　　價 / 3680.00 圓（全六册）

讀者服務電話：4008918866

前　言

春秋是中國歷史上一個特定的社會發展階段。其上限通常被定爲平王東遷（公元前 770 年），下限的劃定則多有分歧，我们傾向於定爲韓、魏、趙三家分晋（公元前 453 年）。春秋時期歷經 300 多年，是社會、政治、經濟、文化都發生重大變化的轉折時期。在漢字發展史上，這是古漢字從西周時期的比較規整演進到戰國時期異形嚴重這一過程中的中間環節。

在目前所見春秋文字資料中，金文爲其大宗。春秋金文自宋代金石著作始見著録。《考古圖》《宣和博古圖》《嘯堂集古録》《歷代鐘鼎彝器款識法帖》等文獻著録有春秋金文 53 件，其中包括晋姜鼎、叔夷鐘鎛等重要長篇。我們對清代的"西清四鑒"、《積古齋鐘鼎彝器款識》《筠清館金文》《攈古録金文》《奇觚室吉金文述》等文獻校重後，共統計著録有春秋金文 207 件。1937 年出版的《三代吉金文存》爲當時所見商周金文彙總之作，著録有春秋金文 391 件。1950 年代以來，隨着考古工作的不斷推進，春秋金文陸陸續續有不少重大發現，舉其要者如：1955 年安徽壽縣春秋蔡侯墓，1957 年河南三門峽市上村嶺虢國墓，1964 年江蘇六合縣程橋中學春秋墓，1978～1979 年河南淅川縣下寺春秋墓，1983 年河南光山縣寶相寺春秋墓，1990 年河南三門峽市上村嶺虢國墓、河南淅川縣和尚嶺春秋楚墓，1993 年秋甘肅禮縣大堡子秦公墓，2002 年山東棗莊市春秋小邾國墓，2002～2003 年湖北棗陽市郭家廟曾國墓，2006～2008 年安徽蚌埠市雙墩村春秋墓，2007 年安徽鳳陽縣卞莊春秋墓，2005、2007 年陝西韓城市梁帶村春秋墓，2009 年湖北隨州市文峰塔義地崗墓群，2016～2017 年湖北京山市蘇家壟周代遺址，2018～2019 年湖北隨州市棗樹林春秋曾國貴族墓等，出土了數量衆多的有銘文的青銅器。金文的著録，除日常發布外，彙總性著作也在不斷跟進，如 1983 年出版的《金文總集》收録春秋金文 698 件；1984～1994 年陸續出版的《殷周金文集成》共收録春秋金文 1072 件；續接《殷周金文集成》的分别有 2002 年出版的《近出殷周金文集録》及 2010 年出版的《近出金文集録二編》，收録有春秋金文 531 件；2006 年出版的《新收殷周青銅器銘文暨器影彙編》收録有春秋金文 455 件。2012 年出版的彙總性的《商周青銅器銘文暨圖像集成》收録有春秋金文 1847 件，2016 年出版的《商周青銅器銘文暨圖像集成續編》和 2020 年出版的《商周青銅器銘文暨圖像集成三編》分别收録有春秋金文 422 件和 361 件。

春秋金文的地域分布，東周王室之外，涉及秦、芮、晋、虢、梁、虞、荀、黎、衛、燕、鄭、蘇、戴、宋、陳、許、毛、單、杞、曹、魯、邿、郳、淳于、費、邾、郘、滕、薛、鑄、莒、齊、逢、鄅、曩、黄、番、樊、蔡、鄧、南申、江、蓼、應、吕、鄂、弦、息、養、曾、郳、鄝、羅、鄀、唐、楚、徐、鍾離、舒、吴、越等60多個諸侯國，覆蓋了以今河南、陝西、山西、山東、湖北、安徽爲中心，包括周邊甘肅、河北、江蘇、浙江、江西、湖南等10多個省份的廣大區域。這些地區，當爲春秋時期古漢字傳播和使用的主要範圍。

數量衆多的地域和時代均相對明確的金文資料，爲觀察春秋时期金文文字現象提供了比較充足的樣本。下面舉其大略：

一、字體方面。相較于西周金文的整體齊整，春秋金文呈現出字體風格豐富多樣的面貌。就日常應用文字來説，春秋金文規整與草率并存。其規整的一派，乃承續西周晚期金文而來，是書寫比較工整、規範的正體，被視爲當時的標準體。秦國禮器如甘肅禮縣出土的秦公諸器，陝西寶鷄出土的春秋早期秦公鐘鎛，相傳民國時期出土的春秋中期秦公簋等銘文皆屬此類。其他如鄭的叔上匜、晋的子犯鐘、楚的何次簠、吴的臧孫鐘等可爲代表。各篇銘文在筆畫和結體形態方面雖有小異，但基本的風格特徵是一致的，筆畫皆具有“篆引”特徵，粗細均匀，疏密有致，大多結構穩重均衡，除“一”“二”等個别筆畫少的字外，單字輪廓略呈縱長方形。從發展的角度看，春秋金文標準體延續了西周中晚期金文筆畫綫條化的趨勢，至中晚期，除“丁”等極個别字外，總體上已綫條化。另外，書寫草率的金文作品也逐漸增多，如芮國仲姜諸器、番國部分銅器銘文、楚國的子諆盂、杞國的杞子每亡鼎等，其行款散亂，字形大小不一，正敧隨意，筆畫稚拙，或增或缺，部件搭配失衡。這當是文字使用群體範圍擴大，下層書手隨意潦草、書寫水準不高的反映。

春秋金文的一个顯著特點，是从中期開始出現了美術化的新氣象。美術化字體是在標準體基礎上的美化改造，又可分爲普通美術體和特殊美術體“鳥蟲書”兩種類型。普通美術體，常見的是字形刻意細長化，筆畫均一而工整，并列筆畫多平行，排叠緊密，下行弧筆多彎曲，如晋趙孟庎壺、宋右師延敦、齊侯四器、許公買簠、蔡公子義工簠、曾侯與鐘、楚王孫誥鐘等；也有些是對筆畫作不同方式的變形加工，如晋少虡劍，楚鄢子孟青嬭簠、競孫不服壺等。鳥蟲書是一種帶有强烈裝飾性的、圖案化的文字式樣，其字形筆畫故作蜿蜒盤曲之狀，猶如蠕蟲身體彎曲的稱爲“蟲書”，字形與鳥形（實際上還包括龍形）融爲一體，或在字旁與字的上下附加鳥形（或龍形）作裝飾，習慣上稱爲“鳥書”。同篇鳥蟲書金文中，往往蟲書和鳥書并存，有些也伴有普通美術體。鳥蟲書主要見于楚及其周邊地區宋、許、應、蔡、曾、吴、越、徐等諸侯國，齊魯地區的郳國近來也有發現。其中出現較早，且最具代表性的，當爲春秋中晚期楚國的王子午鼎。該銘文中有少數幾個鳥書，其餘皆作蟲書，其筆畫婉轉多姿，極富裝飾意味。其他代表性銘文有宋公欒戈、蔡侯産劍、曾侯昃戈、許公戈、徐之乘辰鐘、郳公敂觥等。相對於標準體的基本風格總體上的一致，春秋金文美術字體則具有比較濃厚的地域性風格特徵。需要指出的是，有些論者將春秋時期金文美術字體的風格差異視爲該時期文字的地域風格特徵，是以偏概全的。

二、字種方面。其一，春秋金文用詞用字範圍相對狹窄，所用字種量與當時文字實際總量有一定差距。該時期青銅器銘文長篇占比不大，大多數銘文内容簡短，且又多爲“某某作某器，其眉壽萬年無疆，子子孫孫永寶用之”之類格式化套語。反映日常生産生活和自然事物的字詞，往往没有機會出現在銘文中。以魚部字爲例，目前所見春秋文字材料中從魚之字種有 16 個，春秋金文中出現 10 個，而石鼓文現存 300 多字，從魚之字種 9 個，衹有 3 個出現在金文中。另據《西周文字字形表》，西周金文字種 2100 多個，而目前所見春秋金文字種僅 1700 多個。其二，在字種的傳承發展上，儘管目前所見資料中春秋金文字種總數比西周時期少，但從邑、從金的字比西周時期有大幅度的增加。這當與春秋時期王室衰微、諸侯列國自立意識增强、卿大夫室家逐漸興盛之政治趨勢以及生産力發展、金屬冶煉技術和金屬用具使用範圍不斷擴大有關。春秋文字的發展變化在一定程度上呼應了社會的發展變化。

三、結構方面。字形異構現象比較突出，據初步統計，春秋金文中有 234 個字種存在異構字形，占字種總數的近 14%。其中鑄、造、沫、寶等少數字種存在多個異構字形，如“鑄”字有 23 個異構字形，會意結構有鑿、盥、㓹、鑿、爨、鑿、盔、盥、盌、盥等 10 個，形聲結構有盥、鬻、爨、鐳、鑫、鬻、鬻、鐳、爨、鬳、爨、鬻、鑪等 13 個；“製造”義之“造”有艁、賠、窖、造、竈、戠、鋯、寶、散、鑄、寠、簉等 12 個異構字形。另一個現象是，器具類的字多有異構字形，如鬲 9 個，鹽 7 個，匜 7 個，盂 6 個，鐘 5 個，戟 4 個，鼎 3 個，鼾 3 個，盤 3 個，缶 2 個，彝 2 個，戈 2 個。同時，異構字的分布還呈現出一定的地域性特徵，如“歲”字從“月”之異構“歳、脁”，“鐘”之異構“鐘”，“盟”之異構“槑”，“僕”之異構“儯”等皆出現在以楚爲中心的南方諸國金文中；“沫”之異構“釁”，“歲”之異構“戥”，“保”之異構“傃”出現在齊魯諸國。秦文字則很少出現異構字，表現出高度的穩定性和統一性。

四、字用方面。春秋金文中出現了一些字詞對應關係比較複雜的現象。習語“眉壽無期”“萬年無期”係春秋新見，主要流行于楚齊及周邊諸國，其中“期”一詞，習常用“諅”字，中晚期出現異構“期”，同時還見用其、諆、基、曩、記、櫀、朞字，其中“諆”字還有異構形式“諆”，即共有 8 個字種 10 個字形結構記寫。再如吴國國名，用吴、致单字以及工勮、攻盧、工盧、工敔、攻致、攻吾、攻䈅、工吴、攻吴、句致等 10 多種不同字的組合來記寫。又如，鄭、鄧、許、蔡、徐、越、郑、莒、潘、尋、邿、吕、郳、申等一些諸侯國名，原初用假借字記寫，春秋時期開始出現用加邑旁的專字記寫，形成假借字與專字並行過渡的局面，如“鄭”字，本借用“奠”記寫，中晚期開始出現專字“鄭”以及異構“奠阝”；“許”國名，本借用“無、橆、舞”記寫，中晚期出現專字“鄦、鄦”。同時，一些字用的動態調整，金文中有比較清晰的呈現，如記寫數詞“四”，殷商西周皆用“亖”，春秋早期8例用“亖”，開始出現用“四”（1例）；中期26例用“亖”，10例用“四”；晚期1例用“亖”，14例用“四”，此消彼長，趨向明顯。

凡　例

一、本字編收録所見春秋時期金文全部字形。爲儘量不漏收春秋金文材料，對凡屬“西周晚期或春秋早期”有争議的，皆歸入春秋早期；屬“春秋晚期或戰國早期”有争議的，皆歸入春秋晚期。爲確保所收材料的可靠性，首見著録但來源和存放地點皆不明確的，暫存疑未收，字迹模糊難辨的不收。

二、全書分爲正文14卷和存疑待識字1卷。正文字頭按照許慎《説文解字》一書順序排列。凡《説文解字》所無之字，徑出隸定字頭，按偏旁部首附於相應各部之後。

三、同一字頭下横行分區域依次排列，在底行標注所屬區域。銘文區域的判定主要以製作者屬地爲據。區域的劃分，以春秋初期諸侯國地理位置爲大致框架，如其後諸侯國被兼并，該地製作者所作銘文仍標注該諸侯國所在地理區域。按空間地理格局，本書將春秋時期諸侯國劃分爲6大區域，依次爲以秦爲中心的西土地區（以字母A表示），以晋爲中心的西北地區（以字母B表示）；以鄭爲中心的中原地區（以字母C表示），以齊魯爲中心的今山東地區（以字母D表示），以楚爲中心的南方地區（以字母E表示），以吴越爲中心的東南地區（以字母F表示）。介於秦與晋之間未專門標注的諸小國以AB籠統表示，介於晋與鄭之間未專門標注的諸小國以BC籠統表示，介於中原與南方楚之間漢淮流域未專門標注的諸小國以CE籠統表示；國别不明者空缺。區域確定但具體國屬不明的，標注區域代表字母。個别高頻字，大區域内小諸侯國字形根据需要合并排列，標注大區域代表字母。

四、竪行按春秋早、中、晚三期分欄排列。三期的大致界限爲：公元前770至前670年爲早期；公元前670至前550年爲中期；公元前550至前453年爲晚期。

五、爲避免字形失真，本字編收録的字形，儘量采用原拓掃描截圖録入，有摹本者截取摹本字形。

六、每一字形下均標明出處，以便查核。純數字者爲《殷周金文集成（修訂增補本）》著録編號，其餘書刊名以字母作簡稱，專書簡稱後爲著録編號，期刊簡稱後爲該刊年期。後附“材料出處代稱與全稱對照”。

七、每一字形下附注簡明辭例。辭例采用寬式釋文，根據需要適當括注，（）内爲文獻通行字，<>前爲錯字或誤字而内爲當用字，[ ]内爲據文例補充字，□表示缺漏或模糊不清字，…表示省略。

八、本書資料來源主要有《殷周金文集成（修訂增補本）》《新收殷周青銅器銘文暨器影彙編》《近出殷周金文集録二編》《商周青銅器銘文暨圖像集成》四種彙編性著作，前三書所録皆爲後出的第四書所包含，爲方便查檢，後附“主要書刊著録序號對照表”。

九、後附“筆畫檢索”，以備檢索。

十、字形隸定與字頭不一致的字及同字頭下異構字，不便在字頭欄反映，後附“異形字歸屬字頭檢索”，以便查檢。

十一、後附“主要參考文獻”。

十二、資料收録截止時間爲 2022 年 6 月。

目　録

一

卷一	時期＼區域	虢	晋	黎	齊
	早期	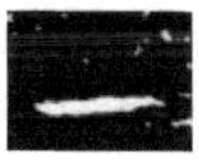 虢季氏子組盤 ms1214 十又一年	 戎生鐘 xs1613 十又一月	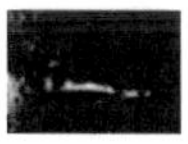 仲考父盤 jk2020.4 鼎一	
	中期				 庚壺 09733.2B 弌(一)□曰
	晚期				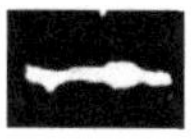 洹子孟姜壺 09730 [玉]一嗣(笥) 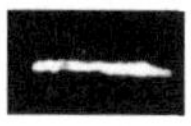 洹子孟姜壺 09730 鼓鐘一肆(肆)

元

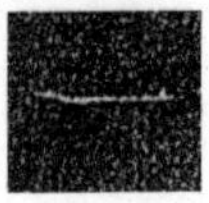 [illegible]公彭宇簠 04610 十又一月			 叔皮父簋 04127 一月	 口元用戈 11013 元用  秦子戈 11352a 元用	 秦子戈 11353 元用  秦子矛 11547.1 元用
	 曾公㖼鎛鐘 jk2020.1 召事一帝 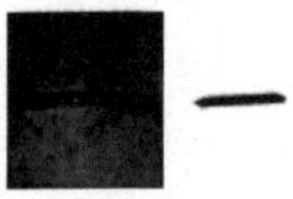 曾公㖼甬鐘 A jk2020.1 召事一帝	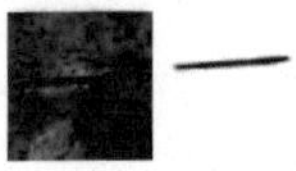 曾公㖼甬鐘 B jk2020. 1 召事一帝			
申	曾			秦	

 秦子戈 xs1349 元用	 秦子戈 mt17209 元用	 秦政伯喪戈 eb1249 元戈喬黄	 虢大子元徒戈 11116 元徒戈	 宫氏白子戈 11118 元戈	 元戈 10809 元
  秦子戈 xs1350 元用	 秦政伯喪戈 eb1248 元戈喬黄	 元黄戈 mt16510 元黄□	 虢大子元徒戈 11117 元徒戈	 宫氏白子戈 11119 元戈	 元戈 10810 元
秦			虢		

虢	晋		鄭	許	陳
元矛 11412 元					
	子犯鐘 xs1011 元金 子犯鐘 xs1023 元金	晋公盤 mx0952 元女 晋公盆 10342 元女□□			敶伯元匜 10267 陳白鴋之子伯元
	少虡劍 11696.1 元用 少虡劍 11697 元用	少虡劍 xs985 元用 吉日壬午劍 mt18021 元用	封子楚簠g mx0517 元子	鄦子盟自鎛 00153 元鳴孔煌 鄦子盟自鎛 00154 元鳴孔煌	

 魯大司徒厚氏元簠　04689 大司徒厚氏元  魯大司徒厚氏元簠　04690.1 大司徒厚氏元	 魯大司徒厚氏元簠　04690.2 大司徒厚氏元  魯大司徒厚氏元簠　04691.1 大司徒厚氏元	 魯大司徒厚氏元簠　04691.2 大司徒厚氏元  魯大左𤔲徒元鼎　02592 大左司徒元	 魯大司徒元盂 10316 魯大司徒元		
				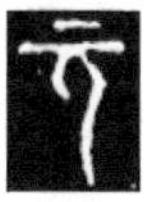 鼄公華鐘 00245 元器	 郳公戈 ms1492 元用  郳公韍父鎛 mt15815 元日
魯				邾	郳

					曾伯霥簠 04631 慎聖元武 曾伯霥簠 04632 慎聖元武
		叔夷鐘 00277.2 元孫 叔夷鎛 00285.7 元孫	壽元杖首 xs1127 壽元	黄君孟戈 11199 元□戈	嬭加編鐘 kg2020.7 元子
郳公韍父鎛 mt15816 元日 郳公韍父鎛 mt15815 元日	郳公韍父鎛 mt15817 元日 郳公韍父鎛 mt15818 元日		鵙公劍 11651 元劍		曾侯與鐘 mx1034 臨觀元△ 嫼盤 mx0948 元女
郳		齊	D	黄	曾

曾伯霥壺 ms1069 孔武元遲  夨叔匜 ms1257 元女					
	 蔡侯龖尊 06010 元年  蔡侯龖盤 10171 元年	 蔡侯紐鐘 00210.2 元鳴無期  蔡侯紐鐘 00211.2 元鳴無期	蔡侯紐鐘 00216.2 元鳴無期  蔡侯紐鐘 00217.2 元鳴無期	 蔡侯紐鐘 00218.2 元鳴無期  蔡侯鎛 00221.2 元鳴無期	 蔡侯鎛 00222.2 元鳴無期
曾	蔡				

 邛季之孫戈 11252b □方或之元	 □□伯戈 11201 伯之元執□				
 登鐸 mx1048 元鳴孔鍠 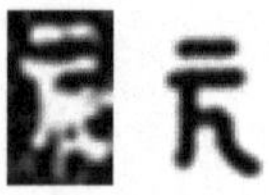 章子鄭戈 11295A 元金	 周王孫季紂戈 11309.2 孔臧元武  周王孫季紂戈 11309.2 元用	 鄬伯受簠 04599.1 元妹  鄬伯受簠 04599.2 元妹	 楚屈叔佗戈 11198 元用  楚屈叔佗戈 11393.1 元右王鐘	 王孫誥鐘 xs418 元鳴孔諻  王孫誥鐘 xs420 元鳴孔諻	 王孫誥鐘 xs421 元鳴孔諻  王孫誥鐘 xs422 元鳴孔諻
			 欒書缶 10008.1 元日  欒書缶 10008.2 元日		
CE			楚		

 王孫誥鐘 xs424 元鳴孔諻  王孫誥鐘 xs425 元鳴孔諻	 王孫誥鐘 xs426 元鳴孔諻  王孫誥鐘 xs427 元鳴孔諻	 王孫誥鐘 xs428 元鳴孔諻  王孫誥鐘 xs429 元鳴孔諻	 王孫誥鐘 xs430 元鳴孔諻  王孫誥鐘 xs433 元鳴孔諻	 王孫誥鐘 xs434 元鳴孔諻  王孫誥鐘 xs435 元鳴孔諻	 王孫誥鐘 xs443 元鳴孔諻  王孫遺者鐘 00261.1 元鳴孔諻
楚					

 次□缶 xs1249 元子	 余子白⿰厶彐此戈 mx1248 元□戈  徐王容巨戟 mx1230 自作元其□戈				
 沇兒鎛 00203.1 元鳴孔皇  沇兒鎛 00203.2 孔嘉元成	 徐王子旃鐘 00182.1 元日  徐王子旃鐘 00182.2 元鳴孔皇	 徐王義楚之元子劍　11668 元子  余贎逨兒鐘 00185.2 元子	 郐王盧 10390 元子  徐王之子戈 11282 元用	 之乘辰鐘 xs1409 元子	 吴王餘昧劍 mx1352 元用 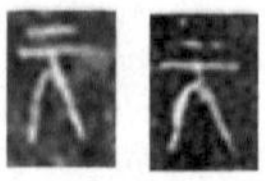 工盧大叔戲矣劍　mx1345 元用
徐					吴

工盧大叔戈 mt17138 元用 工盧王姑發者坂戈 wy03 元用	攻吴王姑發邱之子劍 xs1241 元用 姑發䛒反劍 11718 元用	工盧王姑登者坂劍 ms1617 元用 諸樊之子通劍 xs1111 元用	姑發諸樊之弟劍 xs988 兀(元)用 工䱷王劍 11665 元巳(祀)用	攻吴王䱷䜌劍 xs1188 元用 攻敔王者彶劍 mt17946 元用	攻吴大䱷矛 xs1625 元用 攻敔王盧戕此郤劍 mt17947 元用
吴					

 工吴王𪒠𤞞劍 mt17948 元用  攻敔王劍 11636 元用	 攻吴矛 xs1263 元用  覇服晋邦劍 wy054 元用	 攻敔王夫差劍 11637 元用  攻敔王夫差劍 11638 元用	 攻敔王夫差劍 11639 元用  攻吴王夫差劍 xs1734 元用	 吴王夫差劍 xs317 元用  攻吴王夫差劍 xs1116 元用	 攻吴王夫差劍 xs1523 元用  攻吴王夫差劍 xs1551 元用
吴					

攻吴王夫差劍 xs1868 元用 攻吴王夫差劍 xs1876 元用	攻吴王夫差劍 xs1895 元用 攻敔王夫差劍 mt17934 元用	攻敔王夫差劍 mt17939 元用 攻敔王夫差劍 mx1336 元用	攻敔王夫差劍 mx1341 元用	邗王是埜戈 11263.2 元用 邗王是埜戈 xs1638 元用	攻敔王夫差劍 ms1592 元用 玄鏐之用戈 mt16797 元用
吴					

			 伯刺戈 11400 元戈  元用戈 10891 元用	 天尹鐘 00005 元弄  天尹鐘 00006 元弄	 畀作之元戈 11066 元戈  悳公戈 11280 元戈
			 鄴子訞臣戈 11253 元允		
 吴季子之子逞劍　11640 兀(元)用  吴季子之子逞劍　mx1344 元用	 越王丌北古劍 11703 自作元之用之劍  越王丌北古劍 xs1317 自作元之用之劍	 能原鎛 00156.1 尸(夷)膚(莒)甚□者元作□	壬午吉日戈 mt17119 元用  壬午吉日戈 mt17120 元用	 元用戈 xs318 □□元用	 虡公劍 11663B 作爲用元劍  虡公劍 eb1297 作元爲用
吴	越				

天

 梁伯戈 11346.1 元用  叔元果戈 xs1694 叔元果兼之戈	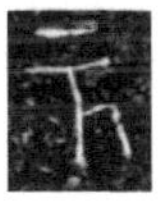 元用戈 ms1334 元用	 秦公鐘 00262 天命  秦公鐘 00262 皇天	 秦公鐘 00264 天命  秦公鐘 00264 皇天	 秦公鎛 00267.1 天命  秦公鎛 00267.1 皇天	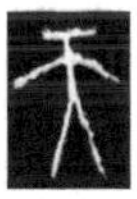 秦公鎛 00268.1 天命  秦公鎛 00268.1 皇天
		 秦公簋 04315.1 天命  秦公簋 04315.1 天命	 秦公簋 04315.2 畯疐在天	 盄和鐘 00270.1 天命  盄和鐘 00270.1 天命	
		秦			

 秦公鎛 00269.1 天命  秦公鎛 00269.1 皇天	 戎生鐘 xs1614 天子				
	 晋公盤 mx0952 天命			 宋公圝鋪 mt06157 有殷天乙唐  宋公圝鋪 mx0532 有殷天乙唐	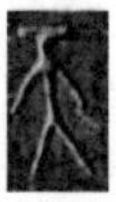 宋公圝鼎 mx0209 有殷天乙唐  宋公圝鼎q mx0209 有殷天乙唐
		 封子楚簠g mx0517 受命于天	 子璋鐘 00119 用樂天<父>兄	 宋右師延敦g xs1713 昜天惻(則)  宋右師延敦g xs1713 駿恭天尚(常)	 宋右師延敦g xs1713 天其作市(祓)  宋右師延敦 CE33001 昜天惻(則)
秦	晋	鄭	許	宋	

			 庚壺 09733.2B 天長授汝	 叔夷鐘 00275.2 天命  叔夷鎛 00285.6 天命	
 宋右師延敦 CE33001 天其作市(祓)  宋右師延敦 CE33001 駿恭天尚(常)	 宋公䜌簠 04589 有殷天乙唐  宋公䜌簠 04590 有殷天乙唐	  司馬楙鎛 eb47 天命	 洹子孟姜壺 09729 天子  洹子孟姜壺 09729 上天子	 洹子孟姜壺 09729 天子  洹子孟姜壺 09730 天子	 洹子孟姜壺 09730 上天子  洹子孟姜壺 09730 天子
宋		滕	齊		

曾伯霥簠 04631 天賜之福 曾伯霥簠 04632 天賜之福					
曾公𤳉鎛鐘 jk2020.1 顒天孔惠 曾公𤳉甬鐘A jk2020.1 顒天孔惠	曾公𤳉甬鐘B jk2020.1 顒天孔惠				
曾侯與鐘 mx1029 天下 曾侯與鐘 mx1029 天命	曾侯與鐘 mx1032 天之命	蔡侯𩡓尊 06010 天子 蔡侯𩡓盤 10171 天子	蔡侯紐鐘 00210.1 天命 蔡侯紐鐘 00211.1 天命	蔡侯紐鐘 00217.1 天命 蔡侯紐鐘 00218.1 天命	蔡侯鎛 00219.1 天命 蔡侯鎛 00220.1 天命
曾		蔡			

	 敬事天王鐘 00073 天王  敬事天王鐘 00077 天王	 敬事天王鐘 00078.2 天王  敬事天王鐘 00080.2 天王	 倗戟 xs469 天命		
 蔡侯鎛 00222.1 天命	 黝鐘 xs485b 在天之下  黝鎛 xs489b 在天之下	 黝鎛 xs490b 在天之下  黝鎛 xs491a 在天之下	 黝鎛 xs493b 在天之下  黝鎛 xs495b 在天之下	 郐王義楚觶 06513 皇天	 吴王光鐘 0223.1 天之命  吴王光鐘 00224.1 天命
蔡	楚			徐	吴

丕

 天尹鐘 00005 天尹作元弄  天尹鐘 00006 天尹作元弄		 仲考父盤 jk2020.4 不(丕)禄			
		 秦公簋 04315.1 不(丕)顯  盄和鐘 00270.1 不(丕)顯			 郜公典盤 xs1043 不(丕)用勿出
 吴王光鐘 00224.2 天之口  吴王光鐘 00224.22 天之命				 與兵壺q eb878 不(丕)陳春秋歲嘗  與兵壺 ms1068 不(丕)陳春秋歲嘗	
吴		秦	黎	鄭	郜

叔夷鐘 00276.1 不(丕)顯 叔夷鐘 00277.1 不(丕)顯	叔夷鐘 00283 不(丕)顯 叔夷鎛 00285.6 不(丕)顯	叔夷鎛 00285.7 不(丕)顯	曾公䀓鎛鐘 jk2020.1 不(丕)顯 曾公䀓鎛鐘 jk2020.1 受是不(丕)寍	曾公䀓鎛鐘 jk2020.1 不(丕)顯 曾公䀓甬鐘A jk2020.1 不(丕)顯	曾公䀓甬鐘A jk2020.1 受是不(丕)寍 曾公䀓甬鐘A jk2020.1 不(丕)顯
齊			曾		

 曾公㠱甬鐘B jk2020.1 不(丕)顯 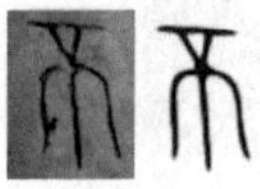 曾公㠱甬鐘B jk2020.1 受是不(丕)寍	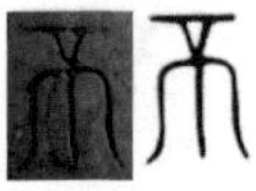 曾公㠱甬鐘B jk2020.1 不(丕)顯	 王孫誥鐘 xs431 誨猷不(丕)飤  王孫誥鐘 xs436 誨猷不(丕)飤	 王孫誥鐘 xs432 誨猷不(丕)飤  王孫誥鐘 xs439 誨猷不(丕)飤	 王孫誥鐘 xs441 誨猷不(丕)飤  王孫遺者鐘 00261.2 誨猷不(丕)飤	 文公之母弟鐘 xs1479 不(丕)義又匿
曾		楚			

吏	上				
己侯壺 09632 吏(使)小臣以汲	秦公鐘 00262 不象(惰)于上 秦公鐘 00264 不象(惰)于上	秦公鎛 00267.1 不象(惰)于上 秦公鎛 00268.1 不象(惰)于上	秦公鎛 00269.1 不象(惰)于上		
	盄和鐘 00270.1 不象(惰)在上			鄭大内史叔 上匜　10281 鄭大内史叔上	
					洹子孟姜壺 09729 上天子 洹子孟姜壺 09730 上天子
紀	秦			鄭	齊

上曾太子鼎 02750 上曾太子				上鄀公敄人簋蓋　04183 上鄀公敄人 上鄀太子平侯匜　jk2022.2 上鄀	
取膚上子商盤 10126 取膚上子商 取膚上子商匜 10253 取膚上子商	曾公畭鎛鐘 jk2020.1 上下 曾公畭甬鐘A jk2020.1 上下	曾公畭甬鐘B jk2020.1 上下 曾公畭甬鐘B jk2020.1 上下		上鄀公簠g xs401 上鄀公	上鄀府簠 04613.1 上鄀府 上鄀府簠 04613.2 上鄀府
	曾侯與鐘 mx1029 伯適上譻 曾侯與鐘 mx1030 伯適上譻		蔡侯龖尊 06010 上下 蔡侯龖盤 10171 上下		
D	曾		蔡	CE	

帝

吳		秦	齊	曾	
者𣲘鐘 00197.2 上下 者𣲘鐘 00198.2 上下	 上將軍牌飾 ms1730 上將軍	 秦公簋 04315.1 在帝之坯	 叔夷鐘 00275.2 有敢在帝所  叔夷鎛 00285.6 有敢在帝所	 曾公𠹌鎛鐘 jk2020.1 召事一帝 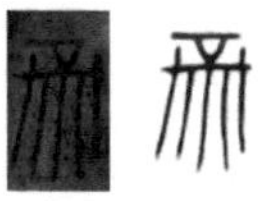 曾公𠹌甬鐘A jk2020.1 召事一帝	 曾公𠹌甬鐘B jk2020.1 召事一帝

旁 下

越	秦	曾	吳	秦	鄭
	秦政伯喪戈 eb1248 戮政西旁(方) 秦政伯喪戈 eb1249 戮政西旁(方)				
			者減鐘 00197.2 聞于四旁(方) 者減鐘 00198.2 聞于四旁(方)	盄和鐘 00270.1 肇有下國	
越王者旨於賜鐘 00144 以樂考帝(嫡)祖大夫賓客		曾侯與鐘 mx1029 懷燮四旁(方) 曾侯殘鐘 mx1031 懷燮四旁(方)			哀成叔鼎 02782 下土 [illegible]鼎q xs1237 下都

	 曾子斿鼎 02757 溫屖下保				 鄀公諴鼎 02753 下鄀雍公
	 曾公畩鎛鐘 jk2020.1 上下 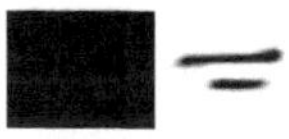 曾公畩甬鐘A jk2020.1 上下	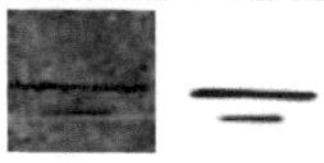 曾公畩甬鐘B jk2020.1 上下 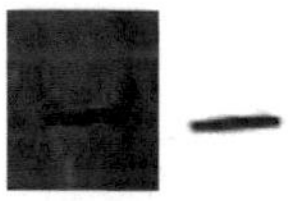 曾公畩甬鐘B jk2020.1 上下	嬭加鎛乙 ms1283 余減頣下屖		
 鄭莊公之孫盧鼎　mt02409 下都  鄭莊公之孫缶 xs1238 下都	 曾侯與鐘 mx1029 天下			 蔡侯驪尊 06010 上下  蔡侯驪盤 10171 上下	
鄭	曾			蔡	CE

					者㴚鐘 00197.2 上下 者㴚鐘 00198.2 上下
聽盂 xs1072 所獻爲下寢盂	𪐰鐘 xs485b 在天之下 𪐰鐘 xs498 在天之下	𪐰鎛 xs489b 在天之下 𪐰鎛 xs490b 在天之下	𪐰鎛 xs491a 在天之下 𪐰鎛 xs493b 在天之下	𪐰鎛 xs495b 在天之下	
CE	楚				吴

祜

	唐侯制鼎 ms0219 祜福 唐侯制鼎 ms0220 祜福	唐侯制鼎 ms0221 祜福 唐侯制簋 ms0468 祜福	唐侯制壶 mx0829 祜福	黄子鬲 00687 ⿱宀祜(祜)福 黄子鼎 02566 ⿱宀祜(祜)福	黄子鼎 02567 永祜 黄子豆 04687 ⿱宀祜(祜)福
□侯戈 11407.2 下吉勿而獲轡					
	唐			黄	

黄子豆 xs93 祒(祜)福	黄子壺 09663 祜福	黄子鐳 09966 祜福	黄子盤 10122 祜福	黄君孟鼎 02497 祒(祜)福	黄君孟豆 04686 祒(祜)福
黄子盉 09445 祒(祜)福	黄子壺 09664 祜福	黄子鐳 xs94 祜福	黄子匜 10254 祜福	黄君孟鼎 xs90 祒(祜)福	黄君孟壺 09636 祒(祜)福

黄

			 曾孟嬴削簠 xs1199 祜福  曾子伯誩鼎 02450 祜福	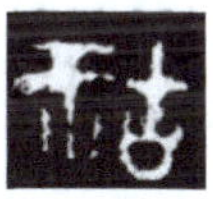 曾亘嫚鼎 xs1201 祜福  曾亘嫚鼎 xs1202 祜福	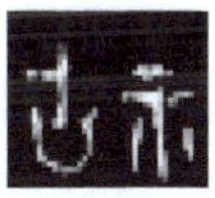 曾子壽鼎 mx0147 祜福  曾子㝬鼎 ms0210 祜福
 黄君孟壺 xs91 ⿱宀祜(祜)福  黄君孟鐳 09963 ⿱宀祜(祜)福	 黄君孟鐳 xs92 ⿱宀祜(祜)福  黄君孟盤 10104 ⿱宀祜(祜)福		 曾子㞙簠 04528.1 祜福  曾子㞙簠 04528.2 祜福		
 黄君孟匜 10230 ⿱宀祜(祜)福  黄君孟壺 ms1054 ⿱宀祜(祜)福	 黄君孟豆 ms0606 ⿱宀祜(祜)福  黄君孟鐳 ms1176 ⿱宀祜(祜)福	 黄子豆 ms0608 ⿱宀祜(祜)福			
黄			曾		

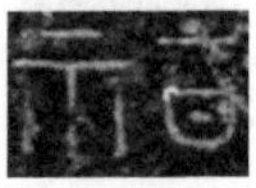 曾子牧臣鼎 ms0211 祜福  曾子牧臣壺 ms1407 祜福	 曾子牧臣壺 ms1408 祜福  牧臣簠g ms0554 祜福	牧臣簠g ms0554 祜福	 𠨘人屖石盤 ms1200 祜福  𠨘人屖石匜 ms1246 祜福	 伯其父簠 04581 旅祜(簠)	
				 伯彊簠 04526 祜福  作司口匜 10260 祜[福]	
					 九里墩鼓座 00429.4 九礼
曾			CE		鍾離

禄	福				
	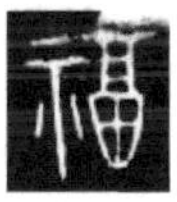 秦公鐘 00262 多福  秦公鐘 00263 大福	 秦公鐘 00265 多福  秦公鐘 00266 大福	 秦公鎛 00267.1 多福 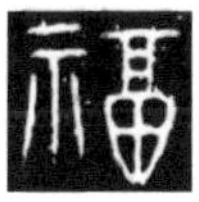 秦公鎛 00267.2 大福	 秦公鎛 00268.1 多福  秦公鎛 00268.2 大福	 秦公鎛 00269.1 多福  秦公鎛 00269.2 大福
	 盄和鐘 00270.1 多福				
 衛侯之孫書鐘 ms1279 福禄					
衛	秦				

虢	晉	黎	衛	燕	BC
 虢季鐘 xs2 受福  虢季鐘 xs3 受福	 戎生鐘 xs1615 大福	 仲考父盤 jk2020.4 永匄福爾後			 宗婦鄁嬰鼎 02683 大福  宗婦鄁嬰鼎 02684 大福
			 衛侯之孫書鐘 ms1279 福禄	  杕氏壺 09715 杕氏福及	

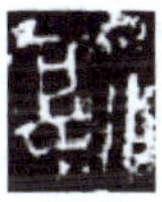 宗婦鄁嫛鼎 02685 大福	 宗婦鄁嫛鼎 02687 大福	 宗婦鄁嫛鼎 02689 大福	 宗婦鄁嫛毁 04077 大福	宗婦鄁嫛毁 04079 大福	宗婦鄁嫛毁 04081 大福
 宗婦鄁嫛鼎 02686 大福	 宗婦鄁嫛鼎 02688 大福	 宗婦鄁嫛毁蓋 04076 大福	宗婦鄁嫛毁 04078 大福	宗婦鄁嫛毁 04080 大福	宗婦鄁嫛毁 04083 大福

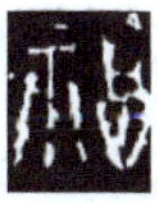

BC

宗婦鄁嬰𣪕 04084 大福	宗婦鄁嬰𣪕 04086.1 大福	宗婦鄁嬰壺 09698.2 大福	宗婦鄁嬰壺 09699.2 大福	侯母壺 09657.1 求福	魯伯悆盨 04458.1 多福
宗婦鄁嬰𣪕 04085 大福	宗婦鄁嬰𣪕 04086.2 大福	宗婦鄁嬰壺 09699.1 大福	宗婦鄁嬰盤 10152 大福	侯母壺 09657.2 求福	魯伯悆盨 04458.2 多福
BC				魯	

邾	郜	齊			㠱
鼄大宰鐘 00086.2 多富(福)	郜召簠q xs1042 受富(福) 郜召簠g xs1042 受富(福)				
		國差𦉜 10361 受福 叔夷鐘 00277.2 其祚福元孫	叔夷鐘 00277.2 萬福純魯 叔夷鎛 00285.7 其祚福元孫	叔夷鎛 00285.7 萬福純魯 姬寏母豆 04693 多福	㠱公壺 09704 受福

唐侯制鼎 ms0219 祜福 唐侯制鼎 ms0220 祜福	唐侯制鼎 ms0221 祜福 唐侯制簠 ms0468 祜福	唐侯制壺 mx0829 祜福	黄子鬲 00687 祜寵(福) 黄子鼎 02566 祜寵(福)	黄子豆 04687 祜寵(福) 黄子豆 xs93 祜寵(福)	黄子盉 09445 祜寵(福) 黄子壺 09663 祜寵(福)
唐			黄		

黄子壺 09664 祜𥜽(福)	黄子鐳 xs94 祜𥜽(福)	黄子匜 10254 祜祏(福)	黄君孟鼎 xs90 祜𥜽(福)	黄君孟壺 09636 祜𥜽(福)	黄君孟鐳 09963 祜穽(福)
黄子鐳 09966 祜𥜽(福)	黄子盤 10122 祜祏(福)	黄君孟鼎 02497 祜𥜽(福)	黄君孟豆 04686 祜𥜽(福)	黄君孟壺 xs91 祜𥜽(福)	黄君孟鐳 xs92 祜𥜽(福)

黄

			曾孟嬴削簠 xs1199 祜福 曾子伯誩鼎 02450 祜福	曾亘嫚鼎 xs1201 祜福 曾亘嫚鼎 xs1202 祜福	曾伯陭壺 09712.3 大福 曾伯陭壺 09712.5 大福
黄君孟盤 10104 祜⿱宀⿰礻井(福) 黄君孟匜 10230 祜⿱宀福(福)	黄君孟壺 ms1054 祜⿱宀福(福) 黄君孟豆 ms0606 祜⿱宀⿰礻井(福)	黄君孟鑐 ms1176 祜⿱宀福(福) 黄子豆 ms0608 祜⿱宀福(福)	曾公𠰻鎛鐘 jk2020.1 多福 曾公𠰻鎛鐘 jk2020.1 文武之福	曾公𠰻鎛鐘 jk2020.1 福禄 曾公𠰻甬鐘A jk2020.1 多福	曾公𠰻甬鐘A jk2020.1 文武之福 曾公𠰻甬鐘A jk2020.1 福禄
黄			曾		

曾伯霥簠 04631 天賜之福 曾伯霥簠 04632 天賜之福	曾子壽鼎 mx0147 祜福 曾子㒸鼎 ms0210 祜福	曾伯克父簋 ms0509 多福 曾子牧臣鼎 ms0211 祜福	曾子牧臣壺 ms1407 祜福 曾子牧臣壺 ms1408 祜福	曾師季𩊭盤 10138 [祈]富(福)	[illegible]人屖石盤 ms1200 祜福 [illegible]人屖石匜 ms1246 祜福
曾公畎甬鐘B jk2020.1 多福 曾公畎甬鐘B jk2020.1 福祿	曾公畎甬鐘B jk2020.1 文武之福	嬭加鎛丙 ms1284 受福 嬭加鎛丁 ms1285 受寶福	曾子㞙簠 04528.1 祜禈(福) 曾子㞙簠 04528.2 祜福	曾子㞙簠 04529.1 祜禈(福)	
曾					CE

王孫誥鐘 xs418 永受其福 王孫誥鐘 x419 永受其福	王孫誥鐘 xs420 永受其福 王孫誥鐘 xs421 永受其福	王孫誥鐘 x422 永受其福 王孫誥鐘 xs423 永受其福	王孫誥鐘 xs424 永受其福 王孫誥鐘 x425 永受其福	王孫誥鐘 xs426 永受其福 王孫誥鐘 xs427 永受其福	王孫誥鐘 xs428 永受其福 王孫誥鐘 xs429 永受其福
楚					

					 冶仲考父壺 09708 多福
 王孫誥鐘 xs430 永受其福  王孫誥鐘 xs432 永受其福	 王孫誥鐘 xs436 永受其福  王孫誥鐘 xs439 永受其福	 王孫誥鐘 xs441 永受其福  王子午鼎 02811.2 永受其福	 王子午鼎q xs444 永受其福 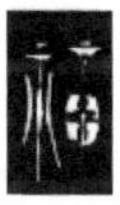 王子午鼎 xs445 永受其福	 王子午鼎 x446 永受其福  王子午鼎 xs449 永受其福	 伯彊簠 04526 祐福
楚					

祐	神		祗		
	曾公畎鎛鐘 jk2020.1 神其聖 曾公畎甬鐘A jk2020.1 神其聖	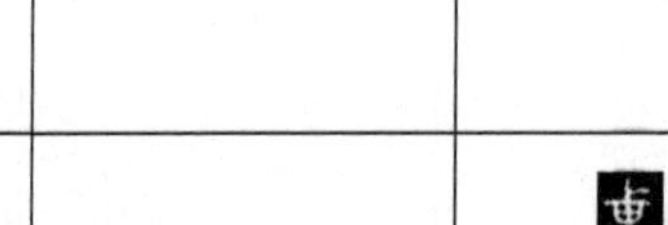 曾公畎甬鐘B jk2020.1 神其聖			
蔡侯𩵦尊 06010 祐受毋已  蔡侯𩵦盤 10171 祐受毋已			蔡侯𩵦尊 06010 𦘔(祗)盟嘗啇  蔡侯𩵦盤 10171 𦘔(祗)盟嘗啇	 蔡侯紐鐘 00210.2 豫令𦘔𦘔(祗祗)  蔡侯紐鐘 00211.2 豫令𦘔𦘔(祗祗)	 蔡侯紐鐘 00216.1 豫令𦘔𦘔(祗祗) 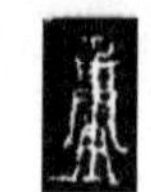 蔡侯紐鐘 00217.2 豫令𦘔𦘔(祗祗)
蔡	曾		蔡		

齋					禋
蔡侯鎛 00219.2 豫令𦘔𦘔(祗祗) 蔡侯鎛 00221.2 豫令𦘔𦘔(祗祗)	蔡侯鎛 00222.2 豫令𦘔𦘔(祗祗)	曾侯與鐘 mx1029 恭寅齋盟 曾侯與鐘 mx1032 恭寅齋盟	曾侯殘鐘 mx1031 [恭]寅齋盟	蔡侯𬴚尊 06010 齋𡰪整肅 蔡侯𬴚盤 10171 齋𡰪整肅	與兵壺q cb878 嚴敬兹禋盟 與兵壺 ms1068 嚴敬兹禋盟
蔡		曾		蔡	鄭

祭　　　　祀

<table>
<tr><td></td><td></td><td></td><td></td><td></td><td>秦公鐘
00262
虔敬朕祀

秦公鐘
00265
虔敬朕祀</td></tr>
<tr><td></td><td></td><td></td><td></td><td></td><td>秦公簋
04315.2
虔敬朕祀

盄和鐘
00270.1
虔敬朕祀</td></tr>
<tr><td>蔡侯[illegible]尊
06010
禋享是以

蔡侯[illegible]盤
10171
禋享是以</td><td>鼄公華鐘
00245
祭祀</td><td>酅侯少子簋
04152
祭器</td><td>樂書缶
10008.2
以祭(祭)我皇祖</td><td>義楚觶
06462
祭(祭)鍴

郐王義楚觶
06513
祭(祭)鍴</td><td></td></tr>
<tr><td>蔡</td><td>邾</td><td>莒</td><td>楚</td><td>徐</td><td>秦</td></tr>
</table>

<table>
<tr><td> 秦公鎛
00267.1
虔敬朕祀 

秦公鎛
00268.1
虔敬朕祀</td><td> 秦公鎛
00269.1
虔敬朕祀</td><td></td><td></td><td></td><td></td></tr>
<tr><td></td><td></td><td>晉公盤
mx0952
盟祀</td><td></td><td> 有兒簋
mt05166
用享用祀</td><td></td></tr>
<tr><td></td><td></td><td></td><td> 哀成叔鼎
02782
禋祀</td><td></td><td> 宋君夫人鼎q
eb304
禋祀 

宋君夫人鼎g
eb304
禋祀</td></tr>
<tr><td colspan="2">秦</td><td>晉</td><td>鄭</td><td>陳</td><td>宋</td></tr>
</table>

郳	郳		滕	鄁	D
				鄁伯祀鼎 02602 鄁伯祀作賸鼎	
邾公釛鐘 00102 盟祀					
鼄公華鐘 00245 祭祀 鼄公華鐘 00245 盟祀	郳公鞁父鎛 mt15816 敬臨祼祀 郳公鞁父鎛 mt15817 敬臨祼祀	郳公鞁父鎛 mt15818 敬臨祼祀	司馬楙鎛 eb48 先王明祀		拍敦 04644 作朕配平姬墉宫祀彝 拍敦 04644 繼毋涅用祀
邾	郳		滕	鄁	D

襄君季鶨鑑 mx0535 用祀用饗	王孫誥鐘 xs418 盟祀 王孫誥鐘 xs419 盟祀	王孫誥鐘 xs420 盟祀 王孫誥鐘 xs421 盟祀	王孫誥鐘 xs422 盟祀 王孫誥鐘 xs423 盟祀	王孫誥鐘 xs424 盟祀 王孫誥鐘 xs425 盟祀	王孫誥鐘 xs426 盟祀 王孫誥鐘 xs427 盟祀
CE	楚				

王孫誥鐘 xs428 盟祀 王孫誥鐘 xs429 盟祀	王孫誥鐘 xs430 盟祀 王孫誥鐘 xs436 盟祀	王孫誥鐘 xs432 盟祀 王孫誥鐘 xs439 盟祀	王孫誥鐘 xs441 盟祀 王子午鼎 02811.2 盟祀	王子午鼎q xs444 盟祀 王子午鼎 xs445 盟祀	王子午鼎 xs446 盟祀 王子午鼎q xs447 盟祀
				競之𩰫鼎 mx0178 盟祀 競之朝鼎 hnbw 盟祀	
楚					

祖

		 冶仲考父壺 09708 用祀用饗	 秦公鐘 00262 先且(祖)  秦公鐘 00264 先且(祖)		
			 秦公簋 04315.1 皇且(祖)  秦公簋 04315.2 皇且(祖)		
 沇兒鎛 00203.2 盟祀  徐王子旃鐘 00182.1 盟祀	 郐䣄尹譬鼎 02766.1 盟祀  郐䣄尹譬鼎 02766.2 盟祀		【且、祖一字分化，餘見卷十四“且”字】	 郳公鞁父鎛 mt15815 皇祖  郳公鞁父鎛 mt15816 皇祖	郳公鞁父鎛 mt15817 皇祖   郳公鞁父鎛 mt15818 皇祖
徐			秦	郳	

滕	齊			楚	舒
	 齊侯鎛 00271 皇祖  齊侯鎛 00271 皇祖	 叔夷鐘 00275.2 高祖  叔夷鐘 00277.1 皇祖	 叔夷鐘 00277.2 皇祖  叔夷鐘 00284 皇祖		
 司馬楙鎛 eb47 皇禓(祖)  司馬楙鎛 eb50 皇禓(祖)				 樂書缶 10008.2 皇祖	 遷邟鐘 mt15520 先祖  遷邟鐘 mt15521 先祖

		祰	祠	祝	祈
				 ⿱埶示姬鬲 x1070 ⿱埶示(祝)姬  祝司寇獸鼎 02474 ⿱埶示(祝)司寇	
		 有兒簋 mt05166 以祰(告)眉壽無期			
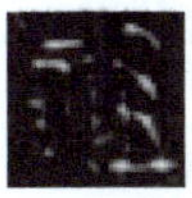 遷邟鎛 mt15794 先祖  遷邟鎛 mt15796 先祖	 遷邟鐘 mx1027 先祖		 趙孟庎壺 09678 祠器  趙孟庎壺 09679 祠器		 齊太宰歸父盤 10151 以⿸㫃壽(祈)眉壽
舒		陳	晉	鑄	齊

		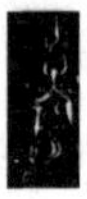 王子午鼎 02811.2 用誮（祈）眉壽  王子午鼎q xs444 用誮（祈）眉壽	 王子午鼎 xs446 用誮（祈）眉壽  王子午鼎q xs447 用誮（祈）眉壽	 王子午鼎 xs449 用誮（祈）眉壽	
 曾侯與鐘 mx1029 以憵（祈）眉壽  曾叔旂鼎 mx0109 曾叔憵（祈）之行鼎	 蔡叔季之孫𩠹匜　10284 用譼（祈）眉壽				 能原鎛 00155.2 連祈小  能原鎛 00156.1 自祈□曰
曾	蔡	楚			越

社		福	禦		
 曾公畎鎛鐘 jk2020.1 質(誓)應京社  曾公畎甬鐘A jk2020.1 質(誓)應京社	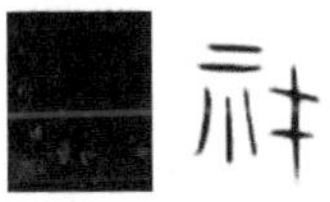 曾公畎甬鐘B jk2020.1 質(誓)應京社				
		 司馬楙鎛 eb49 非敢彖福	 吴王餘眛劍 mx1352 命𢔶(禦)荆  吴王餘眛劍 mx1352 命𢔶(禦)邸	 工虞王姑登者坂劍 ms1617 莫敢𢔶(禦)余  姑發胃反劍 11718 莫敢敔(禦)余	 能原鎛 00155.1 邸禦曰  能原鎛 00155.2 □連小禦□曰□□
曾		滕	吴		越

衽

競之定鬲 mt03015 大有衽于洛之戎 競之定鬲 mt03016 大有衽于洛之戎	競之定鬲 mt03017 大有衽于洛之戎 競之定鬲 mt03018 大有衽于洛之戎	競之定鬲 mt03019 大有衽于洛之戎 競之定鬲 mt03020 大有衽于洛之戎	競之定鬲 mt03021 大有衽于洛之戎 競之定鬲 mt03022 大有衽于洛之戎	競之定簋 mt04978 大有衽于洛之戎 競之定簋 mt04979 大有衽于洛之戎	競之定豆 mt06150 大有衽于洛之戎 競之定豆 mt06151 大有衽于洛之戎
楚					

⿱亦示	⿱尚示		三		
			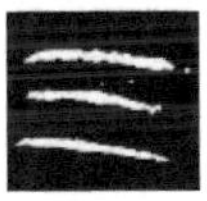 秦子鎛 mt15771 三鎛	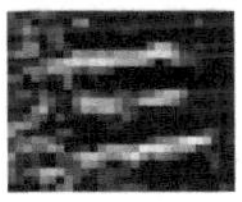 晋公戈 xs1866 三百  晋姜鼎 02826 三壽	
				 趙焦犰戈 mx1218 三百	 叔左鼎 mt02334 三鼐
 𨟻篙鐘 00038.1 唯荆篙屈⿱亦示	 與兵壺q eb878 春秋歲⿱尚示(嘗)  與兵壺 ms1068 春秋歲⿱尚示(嘗)	 競孫旟也鬲 mt03036 追孝纘⿱尚示			
楚	鄭	楚	秦	晋	BC

<table>
<tr><td>毛虎壺q
hx2021.5
三月

毛虎壺g
hx2021.5
三月</td><td></td><td></td><td></td><td></td><td></td></tr>
<tr><td></td><td>叔夷鐘
00272.2
三軍

叔夷鐘
00272.2
三軍</td><td>庚壺
09733.1B
三軍</td><td>叔夷鎛
00285.1
三軍

叔夷鎛
00285.2
三軍</td><td></td><td></td></tr>
<tr><td></td><td></td><td></td><td></td><td>三兒簋
04245
□孫三兒</td><td>吴王壽夢之子劍 xs1407
三軍</td></tr>
<tr><td>毛</td><td colspan="3">齊</td><td>徐</td><td>吴</td></tr>
</table>

王

	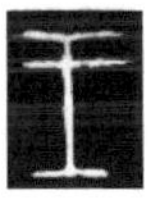 秦公鐘 00262 王姬 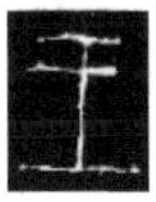 秦公鐘 00264 王姬	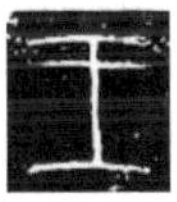 秦公鎛 00267.1 王姬  秦公鎛 00268.1 王姬	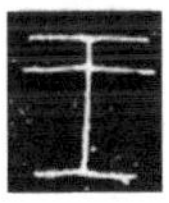 秦公鎛 00269.1 王姬	 虞侯政壺 09696 唯王二月  吴王御士簠 04527 吴王	 戎生鐘 xs1615 王命  晋姜鼎 02826 唯王九月
					 了犯鐘 xs1008 唯王五月 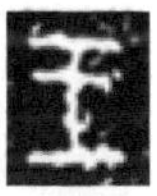 子犯鐘 xs1020 唯王五月
 𦤎公鯢曹戈 11209 三百					 郘黛鐘 00226 唯王正月  郘黛鐘 00228 唯王正月
	秦			虞	晋

子犯鐘 xs1011 燮諸侯卑朝王	子犯鐘 xs1021 不聽命于王所	子犯鐘 xs1023 王位	晋公盆 10342 先王	晋公盆 10342 武王	晋公盤 mx0952 武王
子犯鐘 xs1011 王位	子犯鐘 xs1023 燮諸侯卑朝王	子犯鐘 xs1023 王賜子犯輅車	晋公盆 10342 唯王正月	晋公盤 mx0952 唯王正月	晋公盤 mx0952 王命唐公
郘黛鐘 00230 唯王正月	郘黛鐘 00232 唯王正月	郘黛鐘 00234 唯王正月	郘黛鐘 00237 唯王正月	趙孟庎壺 09678 邗王	趙孟庎壺 09679 邗王
郘黛鐘 00231 唯王正月	郘黛鐘 00233 唯王正月	郘黛鐘 00235 唯王正月		趙孟庎壺 09679 邗王	趙孟庎壺 09679 邗王
			晋		

		 伯□鼎 mt02262 王□□	 宗婦鄁嫢鼎 02683 王子剌公  宗婦鄁嫢鼎 02684 王子剌公	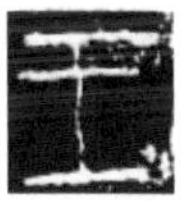 宗婦鄁嫢鼎 02685 王子剌公  宗婦鄁嫢鼎 02686 王子剌公	 宗婦鄁嫢鼎 02687 王子剌公  宗婦鄁嫢鼎 02688 王子剌公
 晋公盤 mx0952 先王  晋公盤 mx0952 保乂王國		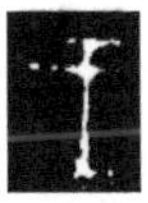 叔左鼎 mt02334 唯王五月			
	 衛侯之孫書鐘 ms1279 唯王正月				
晋	衛	BC	BC		

宗婦鄁嫛鼎 02689 王子剌公 宗婦鄁嫛𣪘蓋 04076 王子剌公	宗婦鄁嫛𣪘 04077 王子剌公 宗婦鄁嫛𣪘 04077 王子剌公	宗婦鄁嫛𣪘 04079 王子剌公 宗婦鄁嫛𣪘 04080 王子剌公	宗婦鄁嫛𣪘 04081 王子剌公 宗婦鄁嫛𣪘 04083 王子剌公	宗婦鄁嫛𣪘 04084 王子剌公 宗婦鄁嫛𣪘 04085 王子剌公	宗婦鄁嫛𣪘 04086.1 王子剌公 宗婦鄁嫛𣪘 04086.2 王子剌公
BC					

宗婦鄁嫛段 04087 王子剌公 宗婦鄁嫛壺 09698.2 王子剌公	宗婦鄁嫛壺 09699.1 王子剌公 宗婦鄁嫛壺 09699.2 王子剌公	宗婦鄁嫛盤 10152 王子剌公	王鼎 mt01326 王作鬻彝 王鬲 mt02695 王作寶鬻彝	王作贊母鬲 00611 王作…寶鬻彝	
					封子楚簠q mx0517 楚王 封子楚簠g mx0517 楚王
BC			周		鄭

<table>
<tr><td></td><td></td><td></td><td></td><td></td><td></td></tr>
<tr><td>許公簋g
mx0510
唯王五月

許公簋g
mx0511
唯王五月</td><td>許公簋q
mx0511
唯王五月</td><td>敶医作王仲媯
援簋　04603.1
王仲媯𡚸

敶医作王仲媯
援簋　04603.2
王仲媯𡚸</td><td>敶医作王仲媯
援簋　04604.1
王仲媯𡚸

敶医作王仲媯
援簋　04604.2
王仲媯𡚸</td><td>陳医盤
10157
王仲媯援

陳侯匜
xs1833
王□□[illegible]母</td><td>鼄叔之伯鐘
00087
唯王六[月]</td></tr>
<tr><td>鄦公買簋
04617.2
唯王正月</td><td>鄦公買簋g
eb475
唯王正月

鄦公買簋q
eb475
唯王正月</td><td></td><td></td><td></td><td>鼄公牼鐘
00149
唯王正月

鼄公牼鐘
00150
唯王正月</td></tr>
<tr><td colspan="2">許</td><td colspan="3">陳</td><td>郳</td></tr>
</table>

鼄公牼鐘 00151 唯土正月	鼄公華鐘 00245 唯王正月	郳公𩊚父鎛 mt15815 王正九月	郳公𩊚父鎛 mt15816 王正九月	郳公𩊚父鎛 mt15817 王正九月	郳公𩊚父鎛 mt15818 王正九月
鼄公牼鐘 00152 唯王正月	邾公孫班鎛 00140 唯王正月	郳公𩊚父鎛 mt15815 以供朝于王所	郳公𩊚父鎛 mt15816 以供朝于王所	郳公𩊚父鎛 mt15817 以供朝于王所	郳公𩊚父鎛 mt15818 以供朝于王所
邾		郳			

		 齊太宰歸父盤 10151 唯王八月  歸父盤 mx0932 唯王八月	 齊侯鎛 00271 唯王五月  庚壺 09733.1B 唯王正月	 庚壺 09733.1B 殷王  庚壺 09733.2B 其王駟介方綾	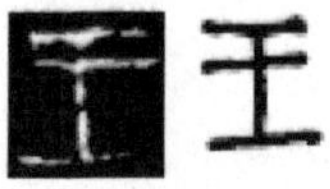 庚壺 09733.2B 其王乘牡  齊侯子仲姜鬲 mx0260 唯王正月
 郳大司馬鈚 ms1177 唯王正月	 王子安戈 11122 王子  司馬楙鎛 eb48 先王				
郳	滕	齊			

	㠱甫人匜 10261 余王寳叡孫	夆叔盤 10163 唯王正月 夆叔匜 10282 唯王正月			
叔夷鐘 00272.1 唯王五月 叔夷鎛 00285.1 唯王五月				此余王鼎 mx0220 唯王正月 此余王鼎 mx0220 此余王□□君	
			王武戈 mx1125 王武之車戈 王武戈 mx1126 王武之車戈	王矛甲 mx1268 王 王矛乙 mx1269 王	王戈 mx1065 王
齊	㠱	逢	D		

	曾伯從寵鼎 02550 唯王十月	曾侯子鎛 mt15763 唯王正月 曾侯子鎛 mt15764 唯王正月	曾侯子鎛 mt15765 唯王正月 曾侯子鎛 mt15766 唯王正月	曾伯霥簠 04631 唯王九月 曾伯霥簠 04632 唯王九月	曾伯霥壺 ms1069 唯王八月
黃太子白克盤 10162 唯王正月	曾公畎鎛鐘 jk2020.1 卲王 曾公畎甬鐘A jk2020.1 唯王五月	曾公畎甬鐘A jk2020.1 王客我于康宮 曾公畎甬鐘A jk2020.1 卲王	曾公畎甬鐘A jk2020.1 卲王 曾公畎甬鐘B jk2020.1 唯王五月	曾公畎甬鐘B jk2020.1 王客我于康宮 曾公畎甬鐘B jk2020.1 卲王	曾公畎鎛鐘 jk2020.1 唯王五月 曾公畎鎛鐘 jk2020.1 王客我于康宮
	曾侯與鐘 mx1029 唯王正月 曾侯與鐘 mx1029 王逝命南公	曾侯與鐘 mx1029 楚王 曾侯與鐘 mx1032 唯王十月	曾侯鐘 mx1025 楚王		
黃	曾				

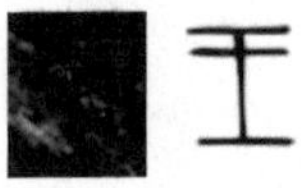

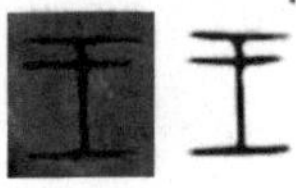

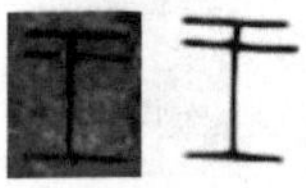

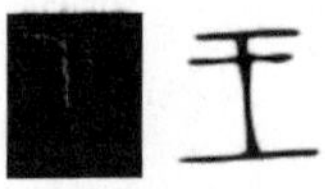

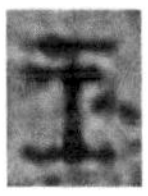 盂爾克母簋g ms0583 唯王正月  盂爾克母簋q ms0583 唯王正月					
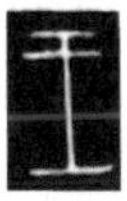 嬭加編鐘 kg2020.7 唯王正月  嬭加編鐘 kg2020.7 文王	 曾侯宝鼎 mt02219 唯王五月  曾侯宝鼎 mt02220 唯王五月	 曾侯宝鼎 mx0187 唯王五月  曾侯宝簋 mt04975 唯工五月	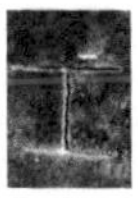 曾侯宝簋 mt04976 唯王五月  曾侯宝壺 mt12390 唯王五月	 曾侯宝鼎 mx0185 唯王五月 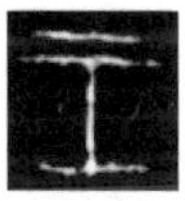 曾侯宝鼎 mx0186 唯王五月	 曾侯寶鼎 ms0265 唯王五月

曾

 蔡太史鉌 10356 唯王正月					
 鄬中姬丹盤 xs471 唯王正月  鄬中姬丹匜 xs472 唯王正月					
 蔡侯𤔲尊 06010 文王  蔡侯𤔲尊 06010 吴王	 蔡侯𤔲盤 10171 文王  蔡侯𤔲盤 10171 吴王	 蔡侯紐鐘 00210.1 楚王  蔡侯紐鐘 00217.1 楚王	 蔡侯鎛 00222.1 楚王	 叔姜簠g xs1212 申王  叔姜簠q xs1212 申王	 申文王之孫簠 mt05943 申文王
蔡				CE	

伯戔盤 10160 唯王月初吉丁亥	鄝公鼎 02714 唯王八月	楚嬴盤 10148 唯王正月 楚嬴匜 10273 唯王正月	中子化盤 10137 楚王 楚太師登鐘 mt15513a 唯王正月	楚太師登鐘 mt15511a 唯王正月 楚太師登鐘 mt15511a 楚王	楚太師登鐘 mt15512a 唯王正月 楚太師登鐘 mt15512a 楚王
叔師父壺 09706 唯王正月 鼄君季黦鑑 mx0535 唯王正月	瞳戈 xs1971 吕王 周王孫季紀戈 11309.1 周王孫	王子嬰次爐 10386 王子嬰次 王子嬰次鐘 00052 王子嬰次	王子申盞 04643 王子申 楚王酓審盂 xs1809 楚王	楚屈叔佗戈 11393.1 楚王 楚屈叔佗戈 11393.1 元右王鐘	王子吳鼎 02717 王子昃 王子吳鼎 mt02343b 王子昃
郙王劍 11611 郙王 襄王孫盞 xs1771 襄王	邧公卲倲戈 mx1210 爲邧(六)造王□	王孫霧簠 04501.2 王孫霧	秦王鐘 00037 王俾命競平王之定 秦王鐘 00037 競平王之定	卲王之諻鼎 02288 昭王	卲王之諻簋 03634 昭王 卲王之諻簋 03635 昭王
CE		楚			

楚太師登鐘 mt15514a 唯王正月	楚太師登鐘 mt15516a 唯王正月	楚太師登鐘 mt15518a 唯王正月	楚太師鄧子辥慎鎛 mx1045 唯王正月	楚王領鐘 00053.1 唯王正月	楚王鐘 00072 楚王
楚太師登鐘 mt15514b 楚王	楚太師登鐘 mt15516b 楚王	楚太師登鐘 mt15518b 楚王	楚太師鄧子辥慎鎛 mx1045 楚王	楚王領鐘 00053.1 楚王	
東姬匜 xs398 唯王正月	敬事天王鐘 00073 唯王正月	敬事天王鐘 00075 唯王正月	敬事天王鐘 00077 天王	敬事天王鐘 00078.1 唯王正月	敬事天王鐘 00080.1 唯王正月
東姬匜 xs398 宣王	敬事天王鐘 00074 天王	敬事天王鐘 00076 唯王正月	敬事天王鐘 00078.1 天王	敬事天王鐘 00080.2 天王	王孫遺者鐘 00261.1 王孫遺者
王子申匜 xs1675 王子黼	𪒠鐘 xs483b 吕王	𪒠鎛 xs489a 吕王	𪒠鎛 xs491b 吕王	𪒠鎛 xs495a 吕王	𪒠鐘 xs488b 楚成王
王子啓疆鼎 mt11690 王子啓疆	𪒠鐘 xs488a 吕王	𪒠鎛 xs490a 吕王	𪒠鎛 xs493a 吕王	𪒠鐘 xs485a 楚成王	𪒠鎛 xs489b 楚成王

楚

 王子午戟 xs467 王子午  王子午戟 xs468 王子午	 王孫誥鐘 xs418 王孫誥  王孫誥鐘 xs420 王孫誥	 王孫誥鐘 xs421 王孫誥  王孫誥鐘 xs422 王孫誥	 王孫誥鐘 xs423 王孫誥  王孫誥鐘 xs424 王孫誥	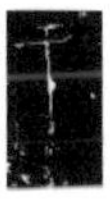 王孫誥鐘 xs425 王孫誥  王孫誥鐘 xs426 王孫誥	 王孫誥鐘 xs427 王孫誥  王孫誥鐘 xs428 王孫誥
𩁹鎛 xs490b 楚成王  𩁹鎛 xs491b 楚成王	𩁹鎛 xs495b 楚成王  王鉌 xs1196 王	 楚王酓恷盤 mt14402 楚王  楚王酓恷匜 mt14869 楚王	 龏王之卯戈 mt17058 龏(共)王  競孫旟也鬲 mt03036 卲事辟王	 競之定鬲 mt03015 王命競之定救秦戎 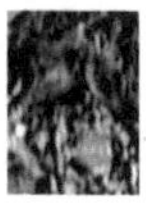 競之定鬲 mt03016 王命競之定救秦戎	 競之定鬲 mt03017 王命競之定救秦戎  競之定鬲 mt03018 王命競之定救秦戎
楚					

王孫誥鐘 xs429 王孫誥 王孫誥鐘 xs430 王孫誥	王孫誥鐘 xs434 王孫誥 王孫誥鐘 xs435 王孫誥	王孫誥鐘 xs433 王孫誥 王孫誥鐘 xs443 王孫誥	王孫誥鐘 xs418 敬事楚王 王孫誥鐘 xs419 敬事楚王	王孫誥鐘 xs420 敬事楚王 王孫誥鐘 xs421 敬事楚王	王孫誥鐘 xs422 敬事楚王 王孫誥鐘 xs423 敬事楚王
競之定鬲 mt03019 王命競之定救秦戎 競之定鬲 mt03020 王命競之戎〈定〉	競之定鬲 mt03021 王命競之戎〈定〉 競之定鬲 mt03022 王命競之戎〈定〉	競之定簋 mt04978 王命競之定救秦戎 競之定簋 mt04979 王命競之定救秦戎	競之定豆 mt06150 王命競之定救秦戎 競之定豆 mt06151 王命競之定救秦戎	競之變鼎 mx0178 唯王八月 競之朝鼎 hnbw 唯王八月	楚王孙簠 ms0551 楚王 楚王戈 ms1488 楚王
楚					

 王孫誥鐘 xs424 □□楚王	 王孫誥鐘 xs426 敬事楚王	 王孫誥鐘 xs428 敬事楚王	 王孫誥鐘 xs430 敬事楚	 王孫誥鐘 xs434 敬事楚王	 王孫誥鐘 xs440 敬事楚王
 王孫誥鐘 xs425 敬事楚王	 王孫誥鐘 xs427 敬事楚王	王孫誥鐘 xs429 敬事楚王	王  王孫誥鐘 xs433 敬事楚王	 王孫誥鐘 xs435 敬事楚王	 王孫誥鐘 xs418 以樂楚王
 楚王孫漁戈 ms1435 楚王					
楚					

王孫誥鐘 xs420 以樂楚王 王孫誥鐘 xs421 以樂楚王	王孫誥鐘 xs422 以樂楚王 王孫誥鐘 xs423 以樂楚王	王孫誥鐘 xs424 以樂楚王 王孫誥鐘 xs426 以樂楚王	王孫誥鐘 xs427 以樂楚王 王孫誥鐘 xs428 以樂楚王	王孫誥鐘 xs429 以樂楚王 王孫誥鐘 xs431 以樂楚王	王孫誥鐘 xs437 以樂楚王 王孫誥鐘 xs438 以樂楚王

楚

王孫誥鐘 xs441 以樂楚王 倗戟 xs469 新命楚王□	楚王媵嫋加缶 kg2020.7 楚王 楚王鼎 mx0188 楚王	楚王鼎g mt02318 唯王正月 楚王鼎g mt02318 楚王	楚王鼎q mt02318 唯王正月 楚王鼎q mt02318 楚王	楚王鼎 mx0210 唯王正月 楚王鼎 mx0210 楚王	王子午鼎 02811.2 王子午 王子午鼎q xs444 王子午
					楚王孫漁戈 11152 楚王孫 楚王孫漁戈 11153 楚王孫
楚					

 王子午鼎 xs445 王子午  王子午鼎 xs446 王子午	 王子午鼎q xs447 王子午  王子午鼎 xs449 王子午	 王孫誥戟 xs465 王孫誥  王孫誥戟 xs466 王孫誥	 童麗君柏鐘 mx1016 唯王正月  童麗君柏鐘 mx1017 唯王正月	 童麗君柏鐘 mx1018 唯王正月 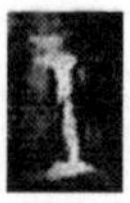 童麗君柏鐘 mx1019 唯王正月	 童麗君柏鐘 mx1020 唯王正月  童麗君柏鐘 mx1021 唯王正月
 楚王孫漁矛 eb1268 楚王孫  王孫名戟 mt16848 王孫	 王孫家戈 mt16849 王孫	 王子臣俎 mt06321 王子			
楚			鍾離		

		𨛜王鼎[illegible]鼎 02675 徐王			
童麗君柏鐘 mx1022 唯王正月 童麗君柏鐘 mx1023 唯王正月	童麗君柏鐘 mx1024 唯王正月	宜桐盂 10320 徐王 徐王容巨戟 mx1230 徐王	庚兒鼎 02715 徐王 庚兒鼎 02716 徐王		
		沇兒鎛 00203.1 徐王 徐王子旃鐘 00182.1 徐王	𨛜王義楚觶 06513 徐王 徐王義楚盤 10099 徐王	徐王義楚之元子劍　11668 徐王 𨛜王耑又觶 06506 徐王	徐王之子戈 11282 徐王 𨛜王盧 10390 徐王
鍾離		徐			

 三兒簋 04245 唯王四月  之乘辰鐘 xs1409 徐王	 遷沵鐘 mt15520 唯王正月  遷沵鐘 mt15520 畬(舒)王	 遷沵鐘 mt15521 唯王正月  遷沵鐘 mt15521 畬(舒)王	 遷沵鎛 mt15794 唯王正月  遷沵鎛 mt15794 畬(舒)王	 遷沵鎛 mt15796 唯王正月  遷沵鎛 mt15796 畬(舒)王	 遷沵鐘 mx1027 唯王正月  遷沵鐘 mx1027 畬(舒)王
徐	舒				

	者濫鐘 00193 工獻王 者濫鐘 00194 [工]獻王	者濫鐘 00195 工獻王 者濫鐘 00196 工[獻]王	者濫鐘 00197.1 工[獻]王 者濫鐘 00198.1 工獻王	者濫鐘 00199 工獻王 者濫鐘 00201 工獻王	者濫鐘 00202 工獻王
夫欧申鼎 xs1250 攻吴王	姑發諸樊之弟劍　xs988 工𧇖王 攻吴王姑發邸之子劍　xs1241 攻𧇖王	攻吴王䚄钺此郤劍　xs1188 攻𧇖王 吴王餘昧劍 mx1352 攻𧇖王	吴王餘昧劍 mx1352 王圍旟 吴王餘昧劍 mx1352 命我爲王	工獻王劍 11665 工獻王 工𧇖王姑發者坂劍　ms1617 工𧇖王	工𧇖王姑發者坂戈　wy03 工𧇖王 攻敔王者彶劍 mt17946 攻敔王
舒	吴				

攻吳王之孫盉 xs1283 工盧王 諸樊之子通劍 xs1111 攻敔王	工吳王獻㰲劍 mt17948 工吳王 吳王壽夢之子劍 xs1407 攻敔王	攻敔王虘𢦏此郤劍　mt17947 攻敔王 吳王光鐘 0223.1 吳王光	吳王光鐘 00224.1 吳王 吳王光鑑 10298 唯王五月	吳王光鑑 10298 吳王光 吳王光鑑 10299 唯王五月	吳王光鑑 10299 吳王  攻敔王光鐸 mx1047 攻敔王
吳					

吴王光帶鈎 mx1387 工吾王 吴王光帶鈎 mx1388 工吾王	吴王光帶鈎 mx1390 工吾工 攻吴王光韓劍 xs1807 攻吾王	攻敔王光劍 11620 攻敔土 攻敔王光劍 11654 攻敔王	攻敔王光劍 11666 攻敔王 吴王光劍 mt17919 攻敔王	攻敔王光劍 zy2021.1 攻敔王 霸服晋邦劍 wy054 口大王	臧孫鐘 00093 唯王正月 臧孫鐘 00094 唯王正月

吴

 臧孫鐘 00095 唯王正月  臧孫鐘 00096 唯王正月	 臧孫鐘 00097 唯王正月  臧孫鐘 00098 唯王正月	 臧孫鐘 00099 唯王正月  臧孫鐘 00101 唯王正月	吴王孫無土鼎 02359.1 吴王孫 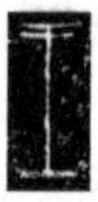 吴王孫無土鼎 02359.2 吴王孫	 吴王夫差鑑 10294 吴王  吴王夫差鑑 10295 攻吴王	 吴王夫差鑑 10296 攻吴王  攻吴王夫差鑑 xs1477 攻吴王
吴					

 攻吴王夫差鑑 mx1000 攻吴王  吴王夫差盉 xs1475 吴王	 吴王夫差缶 mt14082 吴王  攻敔王夫差戈 11288 攻敔王	 攻敔王夫差劍 11637 攻敔王  攻敔王夫差劍 11638 攻敔王	 吴王夫差矛 11534 吴王  攻敔王劍 11636 攻敔王	 攻敔王夫差劍 11639 攻敔王  吴王夫差劍 xs317 [攻]敔王	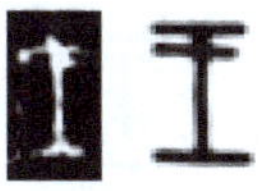 攻吴王夫差劍 xs1116 攻敔王  攻吴王夫差劍 xs1523 攻敔王
吴					

 攻吴王夫差劍 xs1551 攻敔王  攻吴王夫差劍 xs1734 攻敔王	 攻吴王夫差劍 xs1876 攻敔王  攻吴王夫差劍 xs1868 攻敔王	 攻吴王夫差劍 xs1895 攻敔王  攻敔王夫差劍 mt17934 攻敔王	 攻敔王夫差劍 mt17939 攻敔王  攻敔王夫差劍 mx1341 攻敔王	 攻敔王夫差劍 ms1592 攻敔王  攻敔王夫差劍 mx1336 攻敔王	𠭯巢鎛 xs1277 唯王正月 𠭯巢鎛 xs1277 余攻王之玄孫
吴					

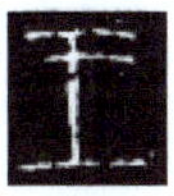 邗王是埜戈 11263.1 邗王  邗王是埜戈 xs1638 邗王	 吴王之子帶勾 ms1717 吴王  攻敔王光戈 11151.1 攻敔王	 吴王光戈 11255.1 吴王  工𠪚王者彶𠭯劍 zy2021.1 工𠪚王	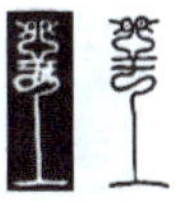 攻吴王光劍 xs1478 攻吾王  吴王光逗劍 wy029 大王	 攻吾王光劍 wy030 攻吾王  攻吾王光劍 wy031 攻吾王	 吴王之子帶鉤 wy037 吴王  攻吾王光劍 wy030 工吾王
吴					

攻吾王光劍 wy030 工吾王	王子玫戈 11207.1 王子玫 王子玫戈 11208 王子玫	羅兒匜 xs1266 吳王	姑馮昏同之子句鑃　0424.1 唯王正月 戉王矛 11451A 越王	戉王矛 11451B 越王 郘王欲淺劍 11621.1 越王	郘王欲淺劍 11621.2 越王 越王勾踐之子劍　11594.1 越王
吳		羅	越		

越王勾踐之子劍　11594.1 越土 戉王句戔之子劍　11595A1 越王	戉王句戔之子劍　11595A1 越王 越王者旨劍 wy070 越王	越王者旨劍 wy070 越王 越王者旨劍 wy070 越王	戉王劍 11570.1 越王 戉王劍 11570.1 越王	戉王劍 11570.2 越王 戉王劍 11570.2 越王	戉王劍 11571.1 越王 戉王劍 11571.2 越王

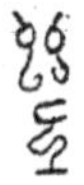

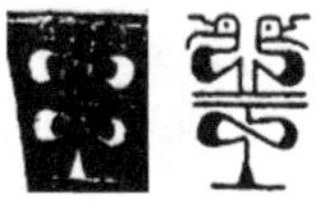

越

越王者旨於睗 鐘 00144 越王 越王者旨於睗 戈 11310.2 越王	越王諸稽於睗 戈 xs1803 越王 戉王者旨於睗 劍 11596.1 越王	戉王者旨於睗 劍 11596.1 越王 越王諸稽於睗 劍 mt17882 越王	戉王者旨於睗 劍 11597.1 越王 戉王者旨於睗 劍 11597.1 越王	戉王者旨於睗 劍 11598A1 越王 戉王者旨於睗 劍 11598A1 越王	戉王者旨於睗 劍 11599.1 越王 戉王者旨於睗 劍 11599.1 越王
越					

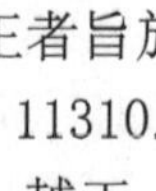

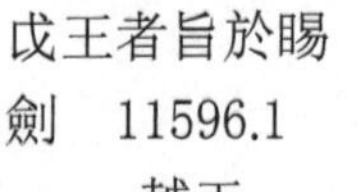

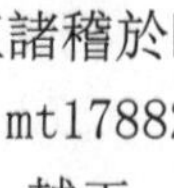

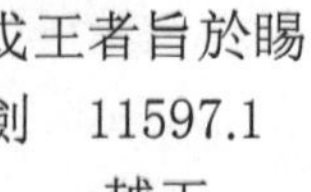

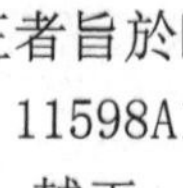

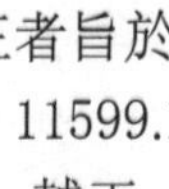

 邚王者旨於睗劍　11600.1 越王  邚王者旨於睗劍　11600.1 越王	 越王諸稽於睗劍　xs1184 越王  越王諸稽於睗劍　xs1184 越王	 越王諸稽於睗劍　xs1480 越王  越王諸稽於睗劍　xs1480 越王	 越王諸稽於睗劍　xs1738 越王  越王諸稽於睗劍　xs1738 越王	 越王諸稽於睗劍　mt17882 越王  越王諸稽於睗劍　xs1898 越王	 越王諸稽於睗劍　xs1898 越王  越王諸稽於睗劍　xs1880 越王
越					

越王諸稽於睗劍　xs1880 越王	越王諸稽於睗劍　xs1899 越王	越王諸稽於睗劍　mt17887 越王	越王諸稽於睗劍　mt17888 越王	戉王矛 11512 越王	王用劍 mt17820 自作王用
越王諸稽於睗劍　xs1899 越王	越王諸稽於睗劍　mt17887 越王	越王諸稽於睗劍　mt17888 越王	越王諸稽於睗矛　xs388 越王	戉王者旨於睗矛　11511 越王	越王諸稽矛 xs1735 越王
越					

 越王劍 mt17868 越王  忄气不余席鎮 mx1385 越王	 越王者旨於賜鐸　mx1488 越王  越王丌北古劍 11703 越王	 越王丌北古劍 11703 越王  越王丌北古劍 11703 越王	 越王丌北古劍 xs1317 越王  越王丌北古劍 xs1317 越王	 越王丌北古劍 xs1317 越王  越王丌北古劍 wy098 越王	 越王丌北古劍 wy098 越王  越王丌北古劍 wy098 越王
越					

			 伯剌戈 11400 □□王之孫  伯□邛戈 xs1973 武王	 冒王之子戈 xs1975 冒王之子□□	 王子寅戈 ms1401 王子寅
			 公父宅匜 10278 唯王正月  王羡戈 11015 王羡之戈	 王孫叔諲甗 t03362 王孫叔諲	
 者尚余卑盤 10165 唯王正月  揚鼎 mt02319 唯王正月	王子姪鼎 02289.1 王子姪  王子姪鼎 02289.2 王子姪	王子戈 mt16814 王子□  壬午吉日戈 xs1979 作爲王用	 塞之王戟 xs1867 鄴之王戟   伯怡父鼎 eb312 唯王正月	 索魚王戈 xs1300 索魚王  戠之王戈 mx1110 戠之王	 公孫疕戈 mx1233 唯王正月 攈王劍 ms1578 □王

皇

<table>
<tr><td> 秦公鐘
00262
皇天 

秦公鐘
00263
皇公</td><td> 秦公鐘
00264
皇天 

秦公鐘
00266
皇公</td><td> 秦公鎛
00267.1
皇天 

秦公鎛
00267.2
皇公</td><td> 秦公鎛
00268.1
皇天 

秦公鎛
00268.2
皇公</td><td> 秦公鎛
00269.1
皇天 

秦公鎛
00269.2
皇公</td><td> 虢季鐘
xs1
皇考 

虢季鐘
xs2
皇考</td></tr>
<tr><td> 秦公簋
04315.1
皇祖 

秦公簋
04315.2
皇祖</td><td> 盄和鐘
00270.1
皇祖</td><td></td><td></td><td></td><td></td></tr>
<tr><td></td><td></td><td></td><td></td><td></td><td></td></tr>
<tr><td colspan="5">秦</td><td>虢</td></tr>
</table>

 虢季鐘 xs3 皇考	 戎生鐘 xs1613 皇祖  戎生鐘 xs1614 皇考	 戎生鐘 xs1617 皇祖  戎生鐘 xs1618 皇考	 畢鬲 kw2021.3 皇祖	 毛叔虎父簋g mx0424 皇祖  毛叔虎父簋q mx0424 皇祖	 毛叔虎父簋g hx2021.5 皇祖  毛叔虎父簋q hx2021.5 皇祖
	 晋公盆 10342 皇祖  晋公盆 10342 皇卿	 晋公盤 mx0952 皇祖  晋公盤 mx0952 皇卿			
虢	晋		燕	毛	

<table>
<tr><td> 毛虎壺q
hx2021.5
皇考 

毛虎壺g
hx2021.5
皇考</td><td> 鄭伯氏士叔皇父鼎　02667
鄭伯氏士叔皇父</td><td></td><td></td><td> 魯仲齊鼎
02639
皇考 

魯司徒仲齊盨
04440.1
皇考</td><td> 魯司徒仲齊盨
04440.2
皇考 

魯司徒仲齊盨
04441.1
皇考</td></tr>
<tr><td></td><td></td><td></td><td></td><td></td><td></td></tr>
<tr><td></td><td> 與兵壺q
eb878
皇祖</td><td> 與兵壺g
eb878
皇考 

與兵壺q
eb878
皇考</td><td> 與兵壺
ms1068
皇祖 

與兵壺
ms1068
皇考</td><td></td><td></td></tr>
<tr><td>毛</td><td colspan="3">鄭</td><td colspan="2">魯</td></tr>
</table>

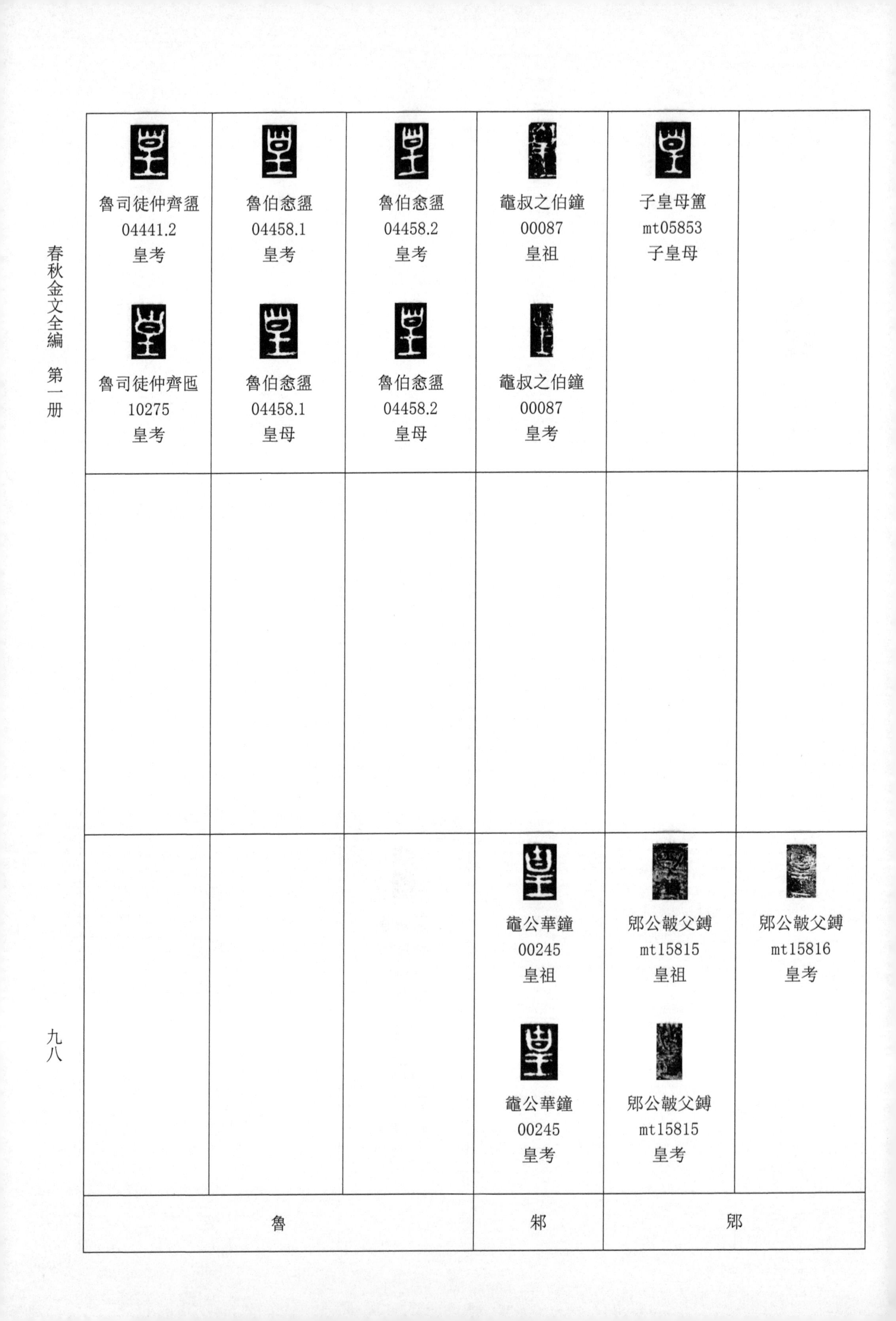

<table>
<tr>
<td>魯司徒仲齊盨
04441.2
皇考

魯司徒仲齊匜
10275
皇考</td>
<td>魯伯悆盨
04458.1
皇考

魯伯悆盨
04458.1
皇母</td>
<td>魯伯悆盨
04458.2
皇考

魯伯悆盨
04458.2
皇母</td>
<td>鼄叔之伯鐘
00087
皇祖

鼄叔之伯鐘
00087
皇考</td>
<td>子皇母簠
mt05853
子皇母</td>
<td></td>
</tr>
<tr>
<td></td><td></td><td></td><td></td><td></td><td></td>
</tr>
<tr>
<td></td>
<td></td>
<td></td>
<td>鼄公華鐘
00245
皇祖

鼄公華鐘
00245
皇考</td>
<td>郳公鞁父鎛
mt15815
皇祖

郳公鞁父鎛
mt15815
皇考</td>
<td>郳公鞁父鎛
mt15816
皇考</td>
</tr>
<tr>
<td colspan="3">魯</td>
<td>邾</td>
<td colspan="2">郳</td>
</tr>
</table>

			齊侯鎛 00271 皇祖 齊侯鎛 00271 皇妣	齊侯鎛 00271 皇祖 齊侯鎛 00271 皇妣	齊侯鎛 00271 皇考 齊侯鎛 00271 皇母
郳公鞁父鎛 mt15817 皇祖 郳公鞁父鎛 mt15817 皇考	郳公鞁父鎛 mt15818 皇祖 郳公鞁父鎛 mt15818 皇考	司馬楙鎛 eb47 皇祖 司馬楙鎛 eb50 皇祖			
郳		滕	齊		

齊䢎氏鐘 00142.2 皇祖	 叔夷鐘 00277.1 皇祖	 叔夷鐘 00277.1 皇母	 叔夷鐘 00277.1 皇祖	 叔夷鐘 00284 皇妣	 叔夷鐘 00284 皇…
 叔夷鐘 00273.2 皇君	 叔夷鐘 00277.1 皇妣	 叔夷鐘 00277.1 皇考	 叔夷鐘 00284 皇祖	 叔夷鐘 00284 皇母	 叔夷鎛 00285.3 皇君

齊

					  鄧公孫無忌鼎 xs1231 皇高祖
 叔夷鎛 00285.7 皇祖  叔夷鎛 00285.7 皇妣	 叔夷鎛 00285.7 皇母  叔夷鎛 00285.7 皇考	 叔夷鎛 00285.7 皇祖  齊侯作孟姬盤 10123 皇氏孟姬			
			 鄘侯少子簋 04152 皇妣	 禾簋 03939 皇母	
齊			莒	D	鄧

	伯克父鼎 ms0285 皇考 曾伯克父簋 ms0509 皇祖	曾伯霥簠 04631 皇祖 曾伯霥簠 04632 皇文考	曾伯霥壺 ms1069 皇祖 曾仲大父蛕段 04203 皇考	曾仲大父蛕段 04204.1 皇考 曾仲大父蛕段 04204.2 皇考	曾太保嬬簋 mx0425 皇祖
	曾公畋鎛鐘 jk2020.1 皇祖 曾公畋鎛鐘 jk2020.1 皇祖	曾公畋甬鐘A jk2020.1 皇祖 曾公畋甬鐘A jk2020.1 皇祖	曾公畋甬鐘B jk2020.1 皇祖 曾公畋甬鐘B jk2020.1 皇祖		
番仲戈 11261 作伯皇之造戈	曾侯與鐘 mx1029 皇祖				
番	曾				

 竈乎簋 04157.1 皇祖  竈乎簋 04157.2 皇祖	 竈乎簋 04158.1 皇祖 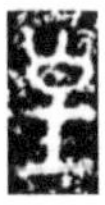 竈乎簋 04158.2 皇祖	 蛒公諴簠 04600 皇祖  蛒公諴簠 04600 皇考	 鄀公敄人鐘 00059 皇祖  鄀公敄人鐘 00059 皇考	 上鄀公敄人簋蓋　04183 皇祖  上鄀公敄人簋蓋　04183 皇考	 鄀公平侯鼎 02771 皇祖  鄀公平侯鼎 02771 皇考
曾	CE				

都公平侯鼎 02772 皇祖 都公平侯鼎 02772 皇考	都公諴鼎 02753 皇祖考				
		王孫遺者鐘 00261.1 皇祖 王子午鼎 02811.2 皇祖	王子午鼎q xs444 皇祖 王子午鼎 xs446 皇祖	王子午鼎q xs447 皇祖 王子午鼎 xs449 皇祖	
		子辛戈 xs526 吉金尃皇	欒書缶 10008.2 皇祖		沇兒鎛 00203.2 元鳴孔皇(煌) 沇兒鎛 00203.2 皇皇熙熙
CE		楚			徐

<table>
<tr><td></td><td></td><td></td><td></td><td></td><td></td></tr>
<tr><td></td><td></td><td>者瀊鐘
00193
皇祖 

者瀊鐘
00194
皇[祖]</td><td> 者瀊鐘
00195
皇祖 

者瀊鐘
00195
皇考</td><td> 者瀊鐘
00196
皇祖 

者瀊鐘
00196
皇考</td><td> 者瀊鐘
00197.1
皇祖 

者瀊鐘
00197.1
皇考</td></tr>
<tr><td> 徐王子旃鐘
00182.2
元鳴孔皇(煌) 

郤王義楚觶
06513
皇天</td><td> 三兒簋
04245
皇母</td><td> 吴王光鐘
00224.1
青吕(鋁)尃皇 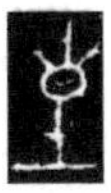

吴王光鐘
00224.7
青吕(鋁)尃皇</td><td> 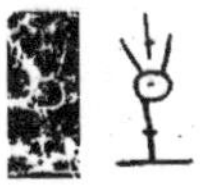吴王光鐘
00224.13
[青吕]尃皇 

吴王光鐘
00224.16
[青]吕(鋁)[尃]皇</td><td></td><td></td></tr>
<tr><td colspan="2">徐</td><td colspan="4">吴</td></tr>
</table>

玉

	 叔皮父簋 04127 子子孫孫寶皇萬年永用  皇與匜 eb954 皇與作匜				
  者𣵊鐘 00198.1 皇祖	 伯彊簠 04526 皇氏伯				
		 郘黛鐘 00225 玉鐶鼉鼓  郘黛鐘 00226 玉鐶鼉鼓	 郘黛鐘 00228 玉鐶鼉鼓  郘黛鐘 00230 玉鐶鼉鼓	 郘黛鐘 00231 玉鐶鼉鼓  郘黛鐘 00232 玉鐶鼉鼓	 郘黛鐘 00233 玉鐶鼉鼓  郘黛鐘 00235 玉鐶鼉鼓
吴		晋			

			瓚		璧
邵黛鐘 00236 玉鐶鼉鼓 邵黛鐘 00237 玉鐶鼉鼓	洹子孟姜壺 09729 玉備(佩) 洹子孟姜壺 09729 備(佩)玉二笥	洹子孟姜壺 09730 玉備(佩) 洹子孟姜壺 09730 備(佩)玉二笥	郳公鞁父鎛 mt15815 爯祼亶(瓚) 郳公鞁父鎛 mt15816 爯祼亶(瓚)	郳公鞁父鎛 mt15817 爯祼亶(瓚) 郳公鞁父鎛 mt15818 爯祼亶(瓚)	洹子孟姜壺 09729 于上天子用辟(璧) 洹子孟姜壺 09729 于大司命用璧
晉	齊		郳		齊

洹子孟姜壺 09729 于南宫子用璧二  洹子孟姜壺 09730 于上天子用璧	 洹子孟姜壺 09730 于大司命用璧  洹子孟姜壺 09730 于南宫子用璧二	 攻敔王光戈 11151 攻敔王光自璧  玄膚之用戈 xs584 玄鏞之用璧	 玄膚之用戈 ms1410 玄膚之用璧	 王子孜戈 11207.2 王子孜之用戈璧  王子孜戈 11208 王子孜之用戈璧	 玄鏐之用戈 mt16797 玄璧之元用  玄鏐戈 mt16536 玄之璧
齊		吳			

璜	璋				珥
				子備璋戈 xs1540 子備𨐨(璋)戈	
楚屈子赤目簠 04612 媵仲芈璜飤簠 楚屈子赤目簠 xs1230 媵仲芈璜飤簠					
	子璋鐘 00113 羣孫斨子璋 子璋鐘 00114 羣孫斨子璋	子璋鐘 00115.1 羣孫斨子璋 子璋鐘 00116.1 羣孫斨子璋	子璋鐘 00117.1 羣孫斨子璋 子璋鐘 00118.2 羣孫斨子璋		曾侯與鐘 mx1034 珥終無疆 曾侯與鐘 mx1037 珥終無疆
楚	許			齊	曾

靈

秦	晉	齊			
秦公戈 mx1238 用厥㦰武龗(靈)	晉公盤 mx0952 龗(靈)名不□	庚壺 09733.1B 𩆜(靈)公之所 庚壺 09733.1B 𩆜(靈)公之身	庚壺 09733.2B 𩆜(靈)公之所	叔夷鐘 00276.1 數厥𩆵(靈)師 叔夷鐘 00276.2 𩆵(靈)力若虎	叔夷鐘 00276.2 桓武𩆵(靈)公 叔夷鐘 00278 武𩆵(靈)成

⿰王戈　璮　班

		 仲阪父盆g ms0619 ⿰王戈伯  仲阪父盆q ms0619 ⿰王戈伯			
 叔夷鎛 00285.6 數厥靈(靈)師  叔夷鎛 00285.6 靈(靈)力若虎	 叔夷鎛 00285.8 武靈(靈)成		 孏加鎛丁 ms1285 用受璮(福)		
				 郳公孫班鎛 00140 郳公孫班	 蔡侯班戈 mx1163 蔡侯班
齊			曾	郳	蔡

气			士		
	鄀公諴鼎 02753 用气(乞)眉壽		秦公鐘 00262 胤士 秦公鐘 00265 胤士	秦公鎛 00267.1 胤士 秦公鎛 00268.1 胤士	秦公鎛 00269.1 胤士 秦子簋蓋 eb423 士女
			秦公簋 04315.2 胤士 盄和鐘 00270.2 胤士		
洹子孟姜壺 09729 用气(乞)嘉命 洹子孟姜壺 09730 用气(乞)嘉命		三兒簋 04245 毋气(乞)余□			
齊	CE	徐	秦		

<table>
<tr><td> 吴王御士簠
04527
御士</td><td></td><td> 鄭伯氏士叔皇父鼎　02667
鄭伯氏士叔皇父</td><td></td><td></td><td></td></tr>
<tr><td></td><td>晉公盆
10342
胤士 

晉公盤
mx0952
胤士</td><td></td><td></td><td></td><td></td></tr>
<tr><td></td><td></td><td> 封子楚簠g
mx0517
楚王之士</td><td> 子璋鐘
00113
諸士 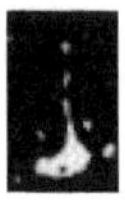

子璋鐘
00114
諸士</td><td> 子璋鐘
00115.2
諸士 

子璋鐘
00116.2
諸士</td><td> 子璋鐘
00117.2
諸士</td></tr>
<tr><td>虞</td><td>晉</td><td>鄭</td><td colspan="3">許</td></tr>
</table>

魯士⿸户孚父簠 04517.1 魯士⿸户孚父 魯士⿸户孚父簠 04517.2 魯士⿸户孚父	魯士⿸户孚父簠 04518 魯士⿸户孚父 魯士⿸户孚父簠 04519 魯士⿸户孚父	魯士⿸户孚父簠 04520 魯士⿸户孚父			
			鼄公牼鐘 00149 諸士 鼄公牼鐘 00150 諸士	鼄公牼鐘 00151 諸士 鼄公牼鐘 00152 諸士	鼄公華鐘 00245 士庶子
魯			邾		

郳	齊	番	曾	CE	楚
正叔之士簠q mt05903 正叔之士		番君匜 10271 士<吉>金	曾師季䡅盤 10138 士<吉>金		塞公孫脂父匜 10276 衣<初>士<吉>
	庚壺 09733.1B 士女		嬭加鎛丙 ms1284 庶士 曾侯宝簋 mt04976 士<吉>日		王孫誥鐘 xs418 諸士 王孫誥鐘 xs421 諸士
			曾侯與鐘 mx1034 律士備御	彭啓簠丙g ww2020.10 士庶子 彭啓簠丙q ww2020.10 士庶子	

王孫誥鐘 xs422 諸士 王孫誥鐘 xs424 諸士	 王孫誥鐘 xs425 諸士 王孫誥鐘 xs427 諸士	王孫誥鐘 xs428 諸士 王孫誥鐘 xs429 諸士	 王孫誥鐘 xs431 諸士 王孫誥鐘 xs436 諸士	王孫誥鐘 xs437 諸士 王孫誥鐘 xs438 諸士	王孫誥鐘 xs442 諸士
楚					

中

			 仲姜壺 mt12247 中(仲)姜  仲姜壺 mt12248 中(仲)姜	 仲姜甗 mt03300 中(仲)姜  仲姜鼎 mt01835 中(仲)姜	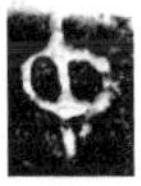 仲姜鼎 mt01836 中(仲)姜  仲姜鼎 mt01837 中(仲)姜
		 仲滋鼎 xs632 中(仲)滋正衍(行)			
 沇兒鎛 00203.2 庶士  徐王子旃鐘 00182.2 庶士	 郤諧尹征城 00425.2 士余是尚(常)				
徐		秦	芮		

仲姜鼎 mt01838 中(仲)姜	仲姜簋q mt04532 中(仲)姜	仲姜簋q mt04533 中(仲)姜	仲姜簋q mt04534 中(仲)姜	仲姜簋q mt04535 中(仲)姜	内子仲口鼎 02517 芮子中(仲)搬
仲姜簋g mt04532 中(仲)姜	仲姜簋g mt04533 中(仲)姜	仲姜簋g mt04534 中(仲)姜	仲姜簋g mt04535 中(仲)姜	仲姜鼎 ms0202 中(仲)姜	芮子仲𣪘鼎 mt02125 芮子中(仲)搬

芮

 芮子仲鼎 mt01910 芮子中(仲) 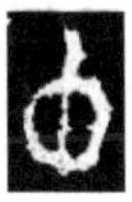 內公鼎 00743 京中(仲)氏	 ⿰⿱艹系阝仲盬鑪 mt14087 ⿰⿱艹系阝中(仲)盬作 …尊甗	 虢仲簠 xs46 虢中(仲)  國子碩父鬲 xs48 虢中(仲)	 國子碩父鬲 xs49 虢中(仲)  虢仲鋪 mx0527 虢中(仲)	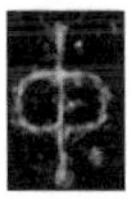 虢仲鋪 mx0527 虢中(仲)  虢仲壺 ms1037 虢中(仲)	 虢仲盉 ms1234 虢中(仲)  虢仲盉 ms1235 虢中(仲)
芮	AB	虢			

太師盤 xs1464 子中(仲)姜	仲考父盤 jk2020.4 中(仲)考父 仲考父匜 jk2020.4 中(仲)考父	楷宰仲考父鼎 jk2020.4 中(仲)考父	燕仲盨g kw2021.3 燕中(仲) 燕仲盨q kw2021.3 燕中(仲)	燕仲鼎 kw2021.3 燕中(仲) 燕仲鼎 kw2021.3 燕中(仲)	燕仲盤 kw2021.3 燕中(仲) 燕仲匜 kw2021.3 燕中(仲)
晋	黎		燕		

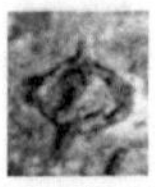

燕	BC	單	鄭	蘇	陳
 燕仲鬲 kw2021.3 燕中(仲)  琱射壺 kw2021.3 中(仲)辛		 單伯邍父鬲 00737 中(仲)姞			 原氏仲簠 xs395 邍氏中(仲)  原氏仲簠 xs395 淪中(仲)媯
	 叔左鼎 mt02334 唯己考中(仲)之子			 蘇公匜 xs1465 中(仲)改	 陳公子中慶簠 04597 陳公子中(仲)慶  陳医盤 10157 王中(仲)媯
			 鄭莊公之孫缶 xs1238 其□中□□□ 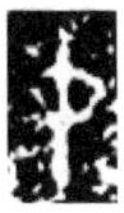 鄭莊公之孫缶 xs1239 其□中□□□		

 原氏仲簠 xs396 邍氏中(仲)  原氏仲簠 xs396 淪中(仲)嬀	 原氏仲簠 xs397 邍氏中(仲)  原氏仲簠 xs397 淪中(仲)嬀			 魯仲齊鼎 02639 魯中(仲)齊  魯仲齊甗 00939 魯中(仲)齊	 魯司徒仲齊盨 04440.1 司徒中(仲)齊  魯司徒仲齊盨 04440.2 司徒中(仲)齊
 敶医作王仲嬀 媛簠　04603.1 王中(仲)嬀  敶医作王仲嬀 媛簠　04603.2 王中(仲)嬀	 敶医作王仲嬀 媛簠　04604.1 王中(仲)嬀  敶医作王仲嬀 媛簠　04604.2 王中(仲)嬀	 敶大喪史仲高 鐘　00351.1 大喪史中(仲) 高  敶大喪史仲高 鐘　00352.1 大喪史中(仲) 高	 敶大喪史仲高 鐘　00353.1 大喪史中(仲) 高  敶大喪史仲高 鐘　00355.1 大喪史中(仲) 高		
				 歸父敦 04640 魯子中(仲)  中都戈 10906 中都	
陳				魯	

魯				滕	邾
 魯司徒仲齊盨 04441.1 司徒中(仲)齊	 魯司徒仲齊盤 10116 司徒中(仲)齊	 魯伯厚父盤 10086 中(仲)姬俞	 魯伯大父作仲姬俞簋 03989 中(仲)姬俞	 滕侯穌盨 04428 滕中(仲)	 邾季脂䵣簠g ms0571 中(仲)娸
 魯司徒仲齊盨 04441.2 司徒中(仲)齊	 魯司徒仲齊匜 10275 司徒中(仲)齊	 魯伯厚父盤 mt14413 中(仲)姬俞		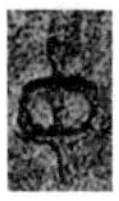 滕侯蘇盨 mt05620 滕中(仲)	 邾季脂䵣簠q ms0571 中(仲)娸

郲季脂蕈簋g ms0572 中(仲)娸	畢仲弁簋 mt05912 畢中(仲)	薛子仲安簋 04546.1 薛子中(仲)安	薛子仲安簋 04547 薛子中(仲)安	郜仲簋g xs1045 峼(郜)中(仲)	郜仲簋 xs1046 郜中(仲)
		薛子仲安簋 04546.2 薛子中(仲)安	走馬薛仲赤簋 04556 走馬薛中(仲)赤	郜仲簋q xs1045 峼(郜)中(仲)	
郲	郳	薛		郜	

<table>
<tr><td></td><td></td><td></td><td></td><td> 尋仲盤
10135
鄩中(仲)) 

尋仲盤
10135
中(仲)女子</td><td> 尋仲匜
10266
鄩中(仲) 

尋仲匜
10266
中(仲)女子</td></tr>
<tr><td> 齊侯鎛
00271
適中(仲) 

齊侯鎛
00271
中(仲)姜</td><td> 齊侯鎛
00271
皇考適中(仲) 

齊侯盂
10318
中(仲)姜</td><td>𩁹子鼎
mt02404A
中(仲)匋姒 

𩁹子鼎
mt02404A
中(仲)匋姒</td><td> 齊侯子仲姜鬲
mx0260
中(仲)姜 

姬寏母豆
04693
魯中(仲)賢</td><td></td><td></td></tr>
<tr><td> 公子土折壺
09709
中(仲)姜</td><td> 國子中官鼎
01935.1
中官 

國子中官鼎
mt00704
中官</td><td></td><td></td><td></td><td></td></tr>
<tr><td colspan="4">齊</td><td colspan="2">鄩</td></tr>
</table>

 簷叔之仲子平鐘　00172 中(仲)子  簷叔之仲子平鐘　00173 中(仲)平	 簷叔之仲子平鐘　00174 中(仲)子  簷叔之仲子平鐘　00174 中(仲)平	 簷叔之仲子平鐘　00175 中(仲)平  簷叔之仲子平鐘　00176 中(仲)平	 簷叔之仲子平鐘　00177 中(仲)子平  簷叔之仲子平鐘　00177 中(仲)平	 簷叔之仲子平鐘　00178 中(仲)平  簷叔之仲子平鐘　00179 中(仲)平	 簷叔之仲子平鐘　00180 中(仲)子
 鄺侯少子簋 04152 中(仲)妃					

莒

D	鄧		唐		黃
 干氏叔子盤 10131 中(仲)姬	 鄧子仲無忌戈 xs1232 鄧子中(仲)無 䢵 鄧子仲無忌戈 xs1233 鄧子中(仲)無 䢵	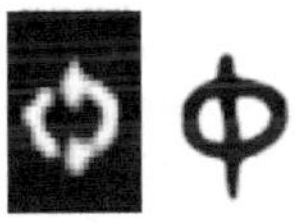 鄧子仲無忌戈 xs1234 鄧子中(仲)無 䢵			 黃仲匜 10214 黃中(仲)
 華孟子鼎 mx0207 中(仲)𡰥厥婦 中子  華孟子鼎 mx0207 中𡰥厥婦中 (仲)子					 黃太子白克盤 10162 中(仲)嬴
			 唐子仲瀕兒匜 xs1209 唐子中(仲)瀕 兒  唐子仲瀕鈚 xs1210 唐子中(仲)瀕	 唐子仲瀕兒盤 xs1211 唐子中(仲)瀕 兒	

	曾仲大父螽毁 04203 曾中(仲)大父 曾仲大父螽毁 04204.1 曾中(仲)大父	曾仲大父螽毁 04204.2 曾中(仲)大父	曾子仲謱甗 00943 曾子中(仲)謱 曾子仲謱鼎 02620 曾子中(仲)謱	曾侯仲子游父鼎　02423 曾侯中(仲)子 曾侯仲子游父鼎　02424 曾侯中(仲)子	曾仲斿父簠 04673 曾中(仲)斿父 曾仲斿父簠 04674 曾中(仲)斿父
	曾子仲宣鼎 02737 曾子中(仲)宣				
樊季氏孫仲𩰫鼎　02624.1 中(仲)嬭 樊季氏孫仲𩰫鼎　02624.2 中(仲)嬭	曾少宰黄仲酉簠　eb467 曾少宰黄中(仲)酉 曾少宰黄仲酉壺　eb861 曾少宰黄中(仲)酉	曾少宰黄仲酉匜　eb951 曾少宰黄中(仲)酉 曾仲姬壺 eb855 曾中(仲)姬	曾仲之孫戈 11254 曾中(仲)之孫 曾仲鄬君鎮墓獸方座　xs521 曾中(仲)郘	仲姬敦g xs502 中(仲)姬 仲姬敦q xs502 中(仲)姬	
樊	曾				

 曾仲斿父方壺 09628.1 曾中(仲)斿父 曾仲斿父方壺 09628.2 曾中(仲)斿父	 曾仲斿父方壺 09629.2 曾中(仲)斿父  曾仲子敔鼎 02564 曾中(仲)子敔		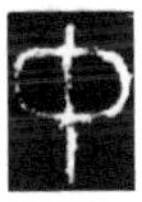 鄀公簠蓋 04569 屖中(仲)嬭義男	  袒仲匜 mt14953 袒中(仲)□ 袒仲無龍匜 10249 袒中(仲)無龍	 袒仲無龍匕 00970 袒中(仲)無龍  袒仲無龍鬲 00713 袒中(仲)無龍
		 鄬中姬丹盤 xs471 中(仲)姬  鄬中姬丹匜 xs472 中(仲)姬			
曾		蔡	CE		

䢼仲無龍鬲 00714 䢼中(仲)無龍  䢼仲侯盤 ms1206 䢼中(仲)侯	 江小仲母生鼎 02391 江小中(仲)母  彭子仲盆蓋 10340 彭子中(仲)	 伯戔盤 10160 邛中(仲)之孫  伯戔盆g 10341 邛中(仲)之孫	 伯戔盆q 10341 邛中(仲)之孫	 楚王鐘 00072 邛中(仲)嬭南	
				 楚屈子赤目簠 04612 中(仲)嬶(芈) 楚屈子赤目簠 xs1230 中(仲)嬶(芈)	 仲改衛簠 xs399 中(仲)改  仲改衛簠 xs400 中(仲)改
				 復公仲壺 09681 復公中(仲)  復公仲簋蓋 04128 復公中(仲)	
CE				楚	

 楚王鼎g mt02318 中(仲)嬭(羋)  楚王鼎q mt02318 中(仲)嬭(羋)	 楚王鼎 mx0210 中(仲)嬭(羋)  楚王媵嬭加缶 kg2020.7 中(仲)嬭(羋)				
		 三兒簋 04245 欧子𡐓□□中(仲)	  遷邟鐘 mt15520 中(終)鳴娫好 遷邟鐘 mt15521 中(終)鳴娫好	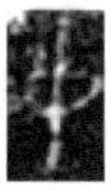  遷邟鎛 mt15794 中(終)鳴娫好 遷邟鎛 mt15796 中(終)鳴娫好	 遷邟鐘 mx1027 中(終)鳴娫好
楚		徐	舒		

				 冶仲考父壺 09708 冶中(仲)丂父  鼄仲盤 mt14441 鼄中(仲)	  朿仲䍙父簋 mx0404 朿中(仲)䍙父 朿仲䍙父簋蓋 03924 朿中(仲)䍙父
 臧孫鐘 00093 中(仲)終歲之外孫  臧孫鐘 00095 中(仲)終歲之外孫	 臧孫鐘 00096 中(仲)終歲之外孫  臧孫鐘 00097 中(仲)終歲之外孫	 臧孫鐘 00098 中(仲)終歲之外孫  臧孫鐘 00099 中(仲)終歲之外孫	 臧孫鐘 00100 中(仲)終歲之外孫  臧孫鐘 00101 中(仲)終歲之外孫	 中央勇矛 11566.1 毌[又](有)中央  中央勇矛 11566.2 毌[又](有)中央	
吴					

叔家父簠 04615 中(仲)姬	伯剌戈 11400 囂中(仲)	尌仲甗 00933 尌中(仲))	售仲之孫簋 04120 售(省)中(仲)之孫	仲阪父盆g ms0619 中(仲)阪父	
姞仲簠 04534 姞中(仲)	右戲仲夏父鬲 00668 右戲中(仲)夏父	尌仲盤 10056 尌中(仲)	□伯侯盤 xs1309 □□中□□	仲阪父盆q ms0619 中(仲)阪父	
 仲義君鼎 02279 中(仲)義君	 般仲柔盤 10143 唯般中(仲)柔				
					鮢鮢中戈 xs1772 鮢鮢中(仲)

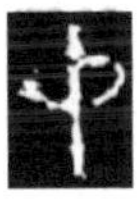

秦	齊		許	番	蔡
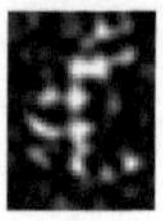 秦子戈 11352a 㠯(中)辟元用  秦子戈 11352b 㠯(中)辟元用					
	 叔夷鐘 00273.1 慎㠯(中)厥罰  叔夷鐘 00274.2 㠯(中)尃(布)盟井(刑)	 叔夷鎛 00285.2 慎㠯(中)厥罰  叔夷鎛 00285.4 㠯(中)尃(布)盟井(刑)			
			 鄦子盥自鎛 00153 㠯(終)翰且揚  鄦子盥自鎛 00154 㠯(終)翰且揚	 番仲戈 11261 番㠯(仲)作伯皇之造戈	 蔡侯紐鐘 00211.2 延(誕)㠯(中)厥德  蔡侯紐鐘 00217.2 延(誕)㠯(中)厥德

蔡	CE	楚			
		 中子化盤 10137 𠁩(中)子化			
	 登鐸 mx1048 𠁩(終)翰且揚	 王孫誥鐘 xs418 𠁩(終)翰且揚  王孫誥鐘 xs419 𠁩(終)翰且揚	 王孫誥鐘 xs420 𠁩(終)翰且揚  王孫誥鐘 xs421 𠁩(終)翰且揚	 王孫誥鐘 xs422 𠁩(終)翰且揚  王孫誥鐘 xs423 𠁩(終)翰且揚	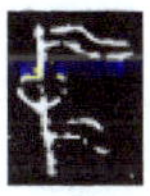 王孫誥鐘 xs424 𠁩(終)翰□□  王孫誥鐘 xs425 𠁩(終)翰且揚
 蔡侯鎛 00221.2 延(誕)𠁩(中)厥德					

 王孫誥鐘 xs426 𠁩(終)翰且揚  王孫誥鐘 xs427 𠁩(終)翰且揚	 王孫誥鐘 xs428 𠁩(終)翰且揚  王孫誥鐘 xs429 𠁩(終)翰且揚	 王孫誥鐘 xs430 𠁩(終)翰且揚  王孫誥鐘 xs434 𠁩(終)翰且揚	 王孫誥鐘 xs435 𠁩(終)翰且揚  王孫誥鐘 xs433 𠁩(終)翰且揚	 王孫誥鐘 xs443 𠁩(終)翰且揚  王孫遺者鐘 00261.1 𠁩(終)翰且揚	
					 沇兒鎛 00203.1 𠁩(終)翰且揚  徐王子旃鐘 00182.2 𠁩(終)翰且揚
楚					徐

屯 每

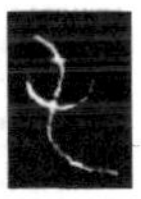 秦公鐘 00263 屯(純)魯多釐  秦公鐘 00266 屯(純)魯多釐	 秦公鎛 00267.2 屯(純)魯多釐  秦公鎛 00268.2 屯(純)魯多釐	 秦公鎛 00269.2 屯(純)魯多釐			 晉姜鼎 02826 每(敏)揚厥光烈
 秦公簋 04315.2 屯(純)魯多釐  盄和鐘 00270.2 屯(純)魯多釐			 叔夷鐘 00274.1 屯(純)厚  叔夷鐘 00277.2 萬福屯(純)魯	 叔夷鎛 00285.4 屯(純)厚  叔夷鎛 00285.7 萬福屯(純)魯	
秦			齊		晉

 杞子每亡鼎 02428 ［杞］子每亡	 杞伯每亡鼎 02494.2 杞伯每亡	 杞伯每亡鼎 02642 杞伯每亡	 杞伯每亡𣪘 03898.1 杞伯每亡	 杞伯每亡𣪘 03899.1 杞伯每亡	 杞伯每亡𣪘 03901 杞伯每亡
 杞伯每亡鼎 02494.1 杞伯每亡	 杞伯每亡鼎 02495 杞伯每亡	 杞伯每亡𣪘 03897 杞伯每亡	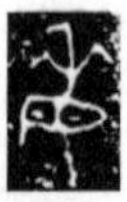 杞伯每亡𣪘 03898.2 杞伯每亡	 杞伯每亡𣪘 03899.2 杞伯每亡	 杞伯每亡𣪘 03900 杞伯每亡
杞					

杞伯每亡毁 03902.1 杞伯每亡 杞伯每亡毁 03902.2 杞伯每亡	杞伯每亡壺蓋 09687 杞伯每亡 杞伯每亡壺 09688 杞伯每亡	杞伯每亡匜 10255 杞伯每亡 杞伯每亡盆 10334 杞伯每亡	杞伯每亡簋 mt04860 杞伯每亡		
				郐賸尹譬鼎 02766.1 温良聖每(敏) 郐賸尹譬鼎 02766.2 温良聖每(敏)	寬兒鼎 02722 蘇公 寬兒缶 mt14091 蘇公
杞				徐	蘇

蓼		薛		荆	
 𡢁士父鬲 00716 𦯧(蓼)改	 晉侯簋g mt04713 𦯧(蓼)伯	 薛戈 10817 辥(薛)	 薛侯盤 10133 胯(薛)侯  薛侯匜 10263 胯(薛)侯		
			【國族名“薛”另見卷七“胯”】	 子犯鐘 xs1009 楚𠭆(荆)  子犯鐘 xs1010 楚𠭆(荆)	 子犯鐘 xs1020 楚𠭆(荆)  子犯鐘 xs1021 楚𠭆(荆)
陳	晉	薛		晉	

英			蔡		
			蔡大善夫趣簠 xs1236g 㭒(蔡)大膳夫 蔡大善夫趣簠 xs1236q 㭒(蔡)大膳夫	蔡太史鉌 10356 㭒(蔡)太史 蔡公子叔湯壺 xs1892 㭒(蔡)公子	蔡侯鼎 xs1905 㭒(蔡)侯
子犯鐘 xs1022 楚郱(荆)			鄬中姬丹盤 xs471 㭒(蔡)侯 鄬中姬丹匜 xs472 㭒(蔡)侯	蔡大司馬燮盤 eb936 㭒(蔡)大司馬 蔡大司馬燮匜 mx0997 㭒(蔡)大司馬	蔡侯朱缶 09991 㭒(蔡)侯
	曾侯與鐘 mx1034 嘉樹華英 曾侯與鐘 mx1035 嘉樹華英	吴王光鐘 00224.3 華英有慶 吴王光鐘 00224.11 □英右(有)□	蔡侯𩰫 02215 㭒(蔡)侯 蔡侯𩰫 02216 㭒(蔡)侯	蔡侯𩰫鼎 02217.1 㭒(蔡)侯 蔡侯𩰫鼎 02217.2 㭒(蔡)侯	蔡侯殘鼎 02218 㭒(蔡)侯 蔡侯殘鼎 02219 㭒(蔡)侯
晉	曾	吴	蔡		

蔡侯殘鼎 02220 𥜽(蔡)侯 蔡侯殘鼎 02225 𥜽(蔡)侯	蔡侯殘鼎 02226 𥜽(蔡)侯 蔡侯䜌簋 03592.1 𥜽(蔡)侯	蔡侯䜌簋 03594.1 𥜽(蔡)侯 蔡侯䜌簋 03595.1 𥜽(蔡)侯	蔡侯䜌簋 03595.2 𥜽(蔡)侯 蔡侯䜌簋 03596.2 𥜽(蔡)侯	蔡侯䜌簋 03597.1 𥜽(蔡)侯 蔡侯䜌簋 03597.2 𥜽(蔡)侯	蔡侯䜌簋 03598.1 𥜽(蔡)侯 蔡侯䜌簋 03598.2 𥜽(蔡)侯

蔡

蔡侯■簋 03599 𦍒(蔡)侯	蔡侯■簠 04490.2 𦍒(蔡)侯	蔡侯■簠 04492.1 𦍒(蔡)侯	蔡侯■簠 04493.1 𦍒(蔡)侯	蔡侯■尊 05939 𦍒(蔡)侯	蔡侯■方壺 09573 𦍒(蔡)侯
蔡侯■簠 04490.1 𦍒(蔡)侯	蔡侯■簠 04491 𦍒(蔡)侯	蔡侯■簠 04492.2 𦍒(蔡)侯	蔡侯■簠 04493.2 𦍒(蔡)侯	蔡侯■尊 06010 𦍒(蔡)侯	蔡侯■瓶 09976 𦍒(蔡)侯

蔡

蔡侯龖缶 09992.1 朿(蔡)侯	蔡侯龖缶 09993.1 朿(蔡)侯	蔡侯龖缶 09994 朿(蔡)侯	蔡侯龖盤 10171 朿(蔡)侯	蔡侯龖匜 10189 朿(蔡)侯	蔡侯龖戈 11141 朿(蔡)侯
蔡侯龖缶 09992.2 朿(蔡)侯	蔡侯龖缶 09993.2 朿(蔡)侯	蔡侯龖缶 10004 朿(蔡)侯	蔡侯龖盤 10072 朿(蔡)侯	蔡侯龖鑑 10290 朿(蔡)侯	蔡侯龖簠 mt05775 朿(蔡)侯

蔡

蔡侯䜌簠 mt05776 𣒚(蔡)侯  蔡侯䜌鼎蓋 mt01588 𣒚(蔡)侯	 蔡侯䜌戈 11140 𣒚(蔡)侯  蔡侯紐鐘 00210.1 𣒚(蔡)侯	 蔡侯紐鐘 00211.1 𣒚(蔡)侯  蔡侯紐鐘 00218.1 𣒚(蔡)侯	 蔡侯鎛 00222.1 𣒚(蔡)侯  蔡侯紐鐘 00212 𣒚(蔡)侯	 蔡侯紐鐘 00213 𣒚(蔡)侯 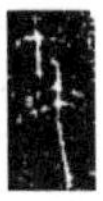 蔡侯紐鐘 00214 𣒚(蔡)侯	 蔡大師鼎 02738 𣒚(蔡)太師  蔡加子戈 11149 𣒚(蔡)加子

蔡

蔡公孫鱄戈 mx1200 𢾀(蔡)公孫	蔡侯簋 xs1897 𢾀(蔡)侯	蔡侯簋q xs1896 𢾀(蔡)侯	蔡公子義工簋 04500 𢾀(蔡)公子	蔡公子戈 mx1173 𢾀(蔡)公子□	蔡侯班戈 mx1163 𢾀(蔡)侯
蔡叔季之孫貣匜　10284 𢾀(蔡)叔季	蔡侯簋g xs1896 𢾀(蔡)侯	蔡侯朔戟 mx1161 𢾀(蔡)侯	蔡□□戟 11150 𢾀(蔡)侯	蔡侯朔劍 mx1301 𢾀(蔡)侯	蔡叔𪊨敄戟 mx1170 𢾀(蔡)叔𪊨敄

蔡

雎盤 ms1210 斋(蔡)莊君 蔡侯産劍 11587 斋(蔡)侯	 蔡侯産戈 xs1311 斋(蔡)侯  蔡子匜 10196 斋(蔡)子佗	蔡公子吴戈 ms1438 蔡公子  蔡侯簠 ms0582 斋(蔡)侯	 蔡侯産戈 ms1448 蔡侯  蔡侯産戈 mx1166 斋(蔡)侯	 蔡侯産戈 mx1167 斋(蔡)侯  蔡公子加戈 11148 斋(蔡)公子	 蔡侯産戈 xs1677 斋(蔡)侯  蔡侯産劍 11604 斋(蔡)侯
蔡					

蔡侯產劍 xs1267 㭄(蔡)侯 蔡侯產劍 xs1267 㭄(蔡)侯	蔡侯䨶戈 11142 㭄(蔡)侯 蔡侯䨶戈 mt16833 㭄(蔡)侯	 蔡公子加戈 mt16903 㭄(蔡)公子  蔡公子頒戈 eb1146 㭄(蔡)公子	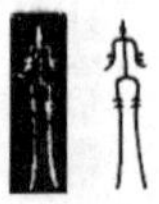 蔡公子果戈 11146 㭄(蔡)公子  蔡公子果戈 mx1174 㭄(蔡)公子	 蔡公子果戈 11147 㭄(蔡)公子  蔡侯劍 11601 㭄(蔡)侯	 蔡叔子宴戈 mx1171 㭄(蔡)叔子 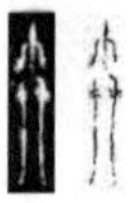 蔡公子宴戈 mx1172 㭄(蔡)公子
蔡					

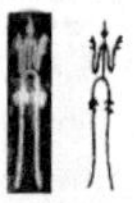

 蔡公子從戈 xs1676 㕘(蔡)公子  蔡叔戟 mt16810 㕘(蔡)叔□	 蔡公子縝戈 mx1176 㕘(蔡)公子  蔡侯産戈 11144 㕘(蔡)侯	蔡侯産戟 mt16840 㕘(蔡)侯  蔡侯産戟 mx1169 㕘(蔡)侯	 蔡侯産劍 11602 㕘(蔡)侯  蔡侯産劍 11603 㕘(蔡)侯	 蔡襄尹啓戈 ms1444 蔡襄尹 蔡公子從戈 mt16906 㕘(蔡)公子	 蔡公子從劍 mt17837 㕘(蔡)公子  蔡公子從劍 mt17838 㕘(蔡)公子
蔡					

			藩		若
寶侯盤 ms1205 希(蔡)嫣					
	【从邑之郗(蔡)卷六重見】		曾公畎鎛鐘 jk2020.1 粭(藩)蔡南門 曾公畎甬鐘A jk2020.1 粭(藩)蔡南門	曾公畎甬鐘B jk2020.1 粭(藩)蔡南門 【或釋"蔽"】	晉公盤 mx0952 以嚴虩若否
蔡劍 mt17861 希(蔡)以玄金 蔡劍 mt17862 希(蔡)以玄金	蔡侯産戈 11143 郗(蔡)侯	王孫霧簠 04501.2 郗(蔡)姬			
CE	蔡	楚	曾		晉

齊			莒	D	CE
				 上曾太子鼎 02750 心聖若慮	 孟城瓶 09980 若(鄀)囗孟城
 叔夷鐘 00276.2 䨻(靈)力若虎  叔夷鐘 00277.2 卑(俾)若鐘鼓	 叔夷鐘 00283 …若虎  叔夷鐘 00284 卑(俾)若鐘鼓	 叔夷鎛 00285.7 䨻(靈)力若虎  叔夷鎛 00285.8 卑(俾)若鐘鼓			
			 𥲦太史申鼎 02732 子孫是若		

					𨚕王鼎擛鼎 02675 世世是若
鄀鐘 xs482b 霝(靈)色若華  鄀鐘 xs486b 霝(靈)色若華	 鄀鐘 xs484a 霝(靈)色若華  鄀鎛 xs489b 霝(靈)色若華	 鄀鎛 xs490b 霝(靈)色若華  鄀鎛 xs491a 霝(靈)色若華	 鄀鎛 xs492b 霝(靈)色若華  鄀鎛 xs494b 霝(靈)色若華	 鄀鎛 xs496b 霝(靈)色若華  復公仲簋蓋 04128 復公仲若我曰	
楚					徐

折

 者減鐘 00193 若叁壽  者減鐘 00195 若蠶公壽	 者減鐘 00196 若叁壽  者減鐘 00197.1 若[蠶公]壽	 者減鐘 00197.2 若叁壽  者減鐘 00198.2 若叁壽	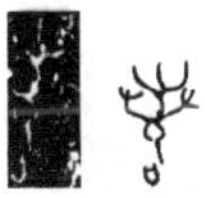 者減鐘 00198.2 若蠶公壽		 王孫誥鐘 xs418 肅折(哲)臧馭  王孫誥鐘 xs419 肅折(哲)臧馭
				 洹子孟姜壺 09729 于大無嗣(司)折(誓)  洹子孟姜壺 09730 于大無嗣(司)折(誓)	
吴				齊	楚

王孫誥鐘 xs420 肅折(哲)臧戩 王孫誥鐘 xs421 [肅]折(哲)臧戩	王孫誥鐘 xs422 肅折(哲)臧戩 王孫誥鐘 xs423 肅折(哲)臧戩	王孫誥鐘 xs424 肅折(哲)臧戩 王孫誥鐘 xs425 肅折(哲)臧戩	王孫誥鐘 xs426 肅折(哲)臧戩 王孫誥鐘 xs427 肅折(哲)臧戩	王孫誥鐘 xs428 肅折(哲)臧戩 王孫誥鐘 xs429 肅折(哲)臧戩	王孫誥鐘 xs430 肅折(哲)臧戩 王孫誥鐘 xs434 肅折(哲)臧戩
楚					

茆　蕃　萅

  王孫誥鐘 xs439 肅折（哲）臧馭 王孫誥鐘 xs440 肅折（哲）臧馭					
	 宋公差戈 11281 茆（茆）族戈	 蔡侯䌓尊 06010 子孫蕃昌  蔡侯䌓盤 10171 子孫蕃昌	 與兵壺q eb878 萅（春）秋  與兵壺 ms1068 萅（春）秋	 欒書缶 10008.1 季萅（春）  欒書缶 10008.2 季萅（春）	 吴王光鐘 0223.1 寺（侍）萅（春）念（稔）歲  吴王光鐘 00224.2 □萅（春）念□
楚	宋	蔡	鄭	楚	吴

蕾　　茂

			 季子康鎛 mt15787a 余茂厥于之孫  季子康鎛 mt15788a 余茂厥于之孫	 季子康鎛 mt15789a 余茂厥于之孫  季子康鎛 mt15790a 余茂厥于之孫	 季子康鎛 mt15791a 余茂厥于之孫
 吴王光鐘 00224.11 寺(侍)萅(春)念(稔)歲	 越王者旨於賜鐘　00144 正月甬(仲)萅(春)	 之乘辰鐘 xs1409 足剌次畱(蕾)之元子			
吴	越	徐	鍾離		

蔓			萛	𦺇	
太师小子白歆父鼎 ms0261 太師小子伯歆父	鄭廾叔蔓父鬲 00580 鄭井叔歆(蔓)父 鄭井叔蔓父鬲 00581 鄭井叔歆(蔓)父	鄭叔蔓父鬲 00579 鄭井叔歆(蔓)父		邾季脂𦺇簋g ms0571 邾季脂𦺇 邾季脂𦺇簋q ms0571 邾季脂𦺇	邾季脂𦺇簋g ms0572 邾季脂𦺇
			𨞝子萛𡔷鼎g 02498 邊子𦿆(萛)𡔷		
芮	鄭		邊	邾	

蘆	莫				葬
	晉公盆 10342 莫不□□ 晉公盆 10342 莫不日頼(卑) 䙴	晉公盤 mx0952 莫[不]秉𢦏 晉公盤 mx0952 莫不日頼(卑) 䙴			
郙王劍 11611 郙王蘆			姑發䛑反劍 11718 莫敢𠈇余 工𠪚王姑發者坂劍　ms1617 莫敢𠈇余	越王者旨於睗鐘　00144 夙莫(暮)不忒 忾不余席鎮 mx1385 夙莫(暮)不忒	曾公子棄疾臣g mx0486 葬䀇 曾公子棄疾臣q mx0486 葬䀇
CE	晉		吳	越	曾

曾公子棄疾甗 mx0280 葬甗					
曾					

小

卷二

時期＼區域	秦			芮
早期	秦公鐘 00262 小子 秦公鐘 00264 小子	秦公鎛 00267.1 小子 秦公鎛 00268.1 小子	秦公鎛 00269.1 小子	太師小子白歡父鼎　ms0261 小子
中期	 秦公簋 04315.1 小子 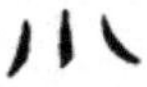 盄和鐘 00270.1 小子			
晚期				

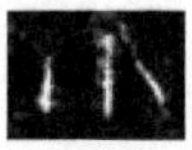

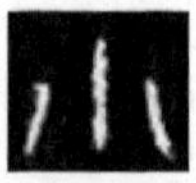

虢	晉		蘇	陳	魯
 尹小叔鼎 02214 尹小叔			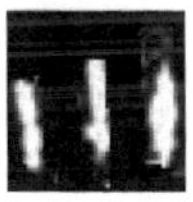 穌貉簠 04659 作小用		 魯内小臣㡉生鼎　02354 魯内小臣
	 晉公盆 10342 小子 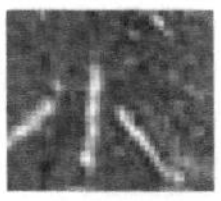 晉公盤 mx0952 小子	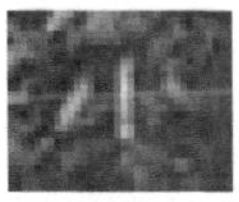 晉公盤 mx0952 小子		 敶姬小公子盨 04379.1 小公子  敶姬小公子盨 04379.2 小公子	

 己侯壺 09632 小臣	 鄧子伯鼎甲 jk2022.3 小陵鼎  鄧子伯鼎乙 jk2022.3 小陵鼎				 江小仲母生鼎 02391 江小仲母
		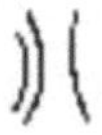 曾公𠹌鎛鐘 jk2020.1 小心有德  曾公𠹌甬鐘B jk2020.1 小心有德	 曾公𠹌鎛鐘 jk2020.1 孺小子  曾公𠹌甬鐘A jk2020.1 小心有德	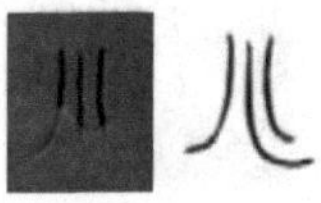 曾公𠹌甬鐘A jk2020.1 孺小子 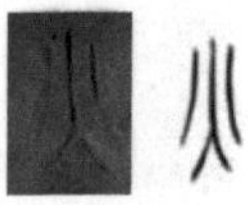 曾公𠹌甬鐘B jk2020.1 孺小子	
紀	鄧	曾			江

少

 復公仲簋蓋 04128 小尊媵簋	 能原鎛 00155.1 小者作心□  能原鎛 00155.2 □連小禦□曰 □□	 能原鎛 00155.2 連祈小  能原鎛 00156.2 利□小	 少虡劍 11696.2 謂之少虡 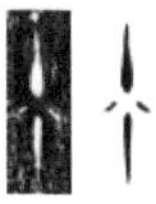 少虡劍 11697 謂之少虡	 少虡劍 11698 謂之少虡 吉日壬午劍 mt18021 謂之少虡	 少虡劍 xs985 謂之少虡
楚	越		晉		

	 魯少司寇封孫宅盤 10154 魯少司寇	 叔夷鐘 00272.1 少(小)心畏忌  叔夷鎛 00285.1 少(小)心畏忌	 叔夷鎛 00285.6 少(小)心恭齊	 叔夷鐘 00276.1 伊少(小)臣唯輔  叔夷鐘 00276.2 少(小)心恭齊	 叔夷鎛 00285.6 伊少(小)臣唯輔  叔夷鐘 00274.1 余少(小)子
 哀成叔鼎 02782 少去母父					
鄭	魯	齊			

莒	曾		蔡		
 鄘侯少子簋 04152 鄘侯少(小)子	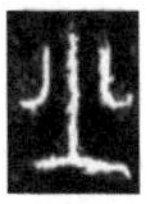 曾少宰黃仲酉鼎 eb279 曾少宰 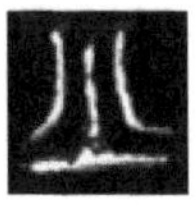 曾少宰黃仲酉簠 eb467 曾少宰	 曾少宰黃仲酉壺 eb861 曾少宰 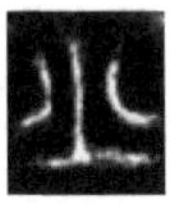 曾少宰黃仲酉匜 eb951 曾少宰	 蔡侯紐鐘 00210.1 末少子  蔡侯紐鐘 00211.1 末少子	 蔡侯紐鐘 00217.1 末少子  蔡侯鎛 00221.1 末少子	 蔡侯鎛 00222.1 末少子

𪒠鐘 xs482a 其音贏少則𣄴 𪒠鐘 xs484b 其音贏少則𣄴	𪒠鐘 xs486b 其音贏少則𣄴 𪒠鎛 xs489b 其音贏少戠𣄴	𪒠鎛 xs490b 其音贏少戠𣄴 𪒠鎛 xs491a 其音贏少則𣄴	𪒠鎛 xs492a 其音贏少則𣄴 𪒠鎛 xs494a 其音贏少則𣄴	𪒠鎛 xs496a 其音贏少則𣄴	𨛜王盧 10390 少(小)𤓉爐
楚					徐

八

		 晋姑盤 mt14461 八月 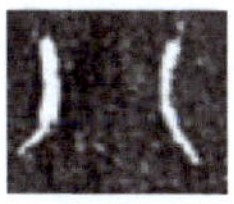 晋姑匜 mt14954 八月			
	 豫少鉤庫戈 11068 豫少(小)鉤庫				
 忼不余席鎮 mx1385 厥大故少(小)連		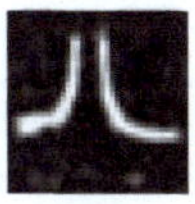 郘黛鐘 00226 大鐘八肆  郘黛鐘 00228 大鐘八肆	 郘黛鐘 00230 大鐘八肆  郘黛鐘 00231 大鐘八肆	 郘黛鐘 00233 大鐘八肆 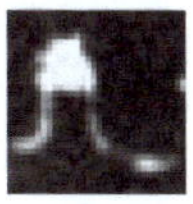 郘黛鐘 00237 大鐘八肆	 寬兒鼎 02722 八月  寬兒缶 mt14091 八月
越		晋			蘇

<table>
<tr><td> 許成孝鼎
mx0190
八月</td><td>𢦏叔朕鼎
02690
八月 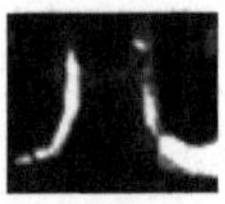

𢦏叔朕鼎
02691
八月</td><td>𢦏叔朕鼎
02692
八月</td><td></td><td></td><td> 伯氏始氏鼎
02643
八月</td></tr>
<tr><td></td><td></td><td></td><td> 齊太宰歸父盤
10151
八月 

歸父盤
mx0932
八月</td><td></td><td></td></tr>
<tr><td></td><td></td><td></td><td> 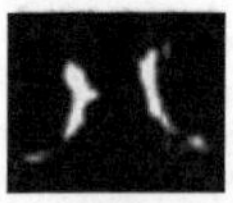洹子孟姜壺
09729
八鼎 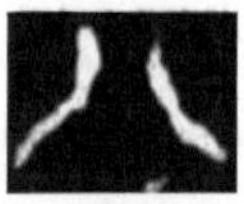

洹子孟姜壺
09730
八鼎</td><td>鄘侯少子簋
04152
八簋</td><td></td></tr>
<tr><td>許</td><td colspan="2">戴</td><td>齊</td><td>莒</td><td>鄧</td></tr>
</table>

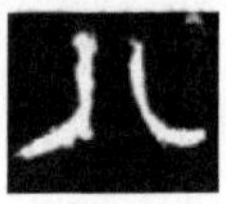

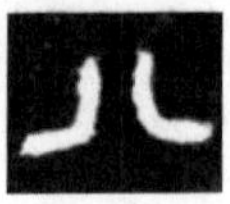

曾伯霥壺 ms1069 八月	鄀公平侯鼎 02771 八月 鄀公平侯鼎 02772 八月	鄂侯鬲 ms0319 八月 鄂侯簋 ms0464 八月	鄁公鼎 02714 八月 伯戔盆g 10341 八月	彭子仲盆蓋 10340 八月	
			葬子𪾢盞g xs1235 八月 葬子𪾢盞 q xs1235 八月		楚子暖簠 04575 八月 楚子暖簠 04576 八月
嬭盤 mx0948 八月					競之𨚕鼎 mx0178 八月 競之朝鼎 hnbw 八月
曾	CE				楚

分				曾	
				 上曾太子鼎 02750 上曾太子	 曾子斁鼎 mx0146 曾子  曾子壽鼎 mx0147 曾子
 楚子暖簠 04577 八月 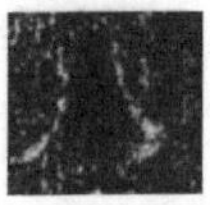 王子嬰次鐘 00052 八月					 曾公畩鎛鐘 jk2020.1 曾公  曾公畩鎛鐘 jk2020.1 豫命于曾
	 亳庭戈 11085 八族 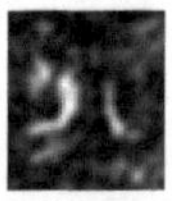 與子具鼎 xs1399 八月	 鼄公牼鐘 00149 分器是持  鼄公牼鐘 00150 分器是持	 鼄公牼鐘 00152 分器是持		 曾侯與鬲 mx0240 曾侯 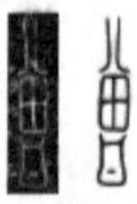 曾侯與鐘 mx1029 曾侯
楚		郳		D	曾

曾子伯皮鼎 mx0166 曾子	曾太保簋g ms0559 曾太保	曾伯霥簠 04631 曾伯	曾伯霥簠 04632 曾伯霥	曾伯霥壺 ms1069 曾伯霥	曾伯克父簋 ms0509 曾伯克父
曾太保嬦簋 mx0425 曾太保	曾太保簋q ms0559 曾太保	曾伯霥簠 04631 曾伯	曾伯霥簠 04632 曾[伯]霥	曾伯霥簠 ms0548 曾伯	曾伯克父簋 ms0509 曾伯克父
曾公畎甬鐘A jk2020.1 曾公	曾公畎甬鐘A jk2020.1 豫命于曾	曾公畎甬鐘B jk2020.1 豫命于曾	嬭加編鐘 kg2020.7 之邦于曾	曾大人鬲 ms0306 曾夫人	湛之戈甲 kx2021.1 曾叔孫
曾公畎甬鐘A jk2020.1 豫命于曾	曾公畎甬鐘B jk2020.1 曾公		嬭加編鐘 kg2020.7 曾邦	湛之鈚 kx2021.1 曾叔孫	湛之戈乙 kx2021.1 曾叔孫
曾侯與鐘 mx1029 曾侯	曾侯與鐘 mx1029 曾侯	曾侯與鐘 mx1032 曾侯	曾侯殘鐘 mx1031 整復曾疆	曾公子棄疾鼎q mx0126 曾公子	曾公子棄疾鼎g mx0127 曾公子
曾侯與鐘 mx10294 曾侯	曾侯與鐘 mx1029 改復曾疆	曾侯與鐘 mx1032 定徇曾土	曾侯鐘 mx1025 曾侯	曾公子棄疾鼎g mx0126 曾公子	曾公子棄疾匜g mx0486 曾公子

曾

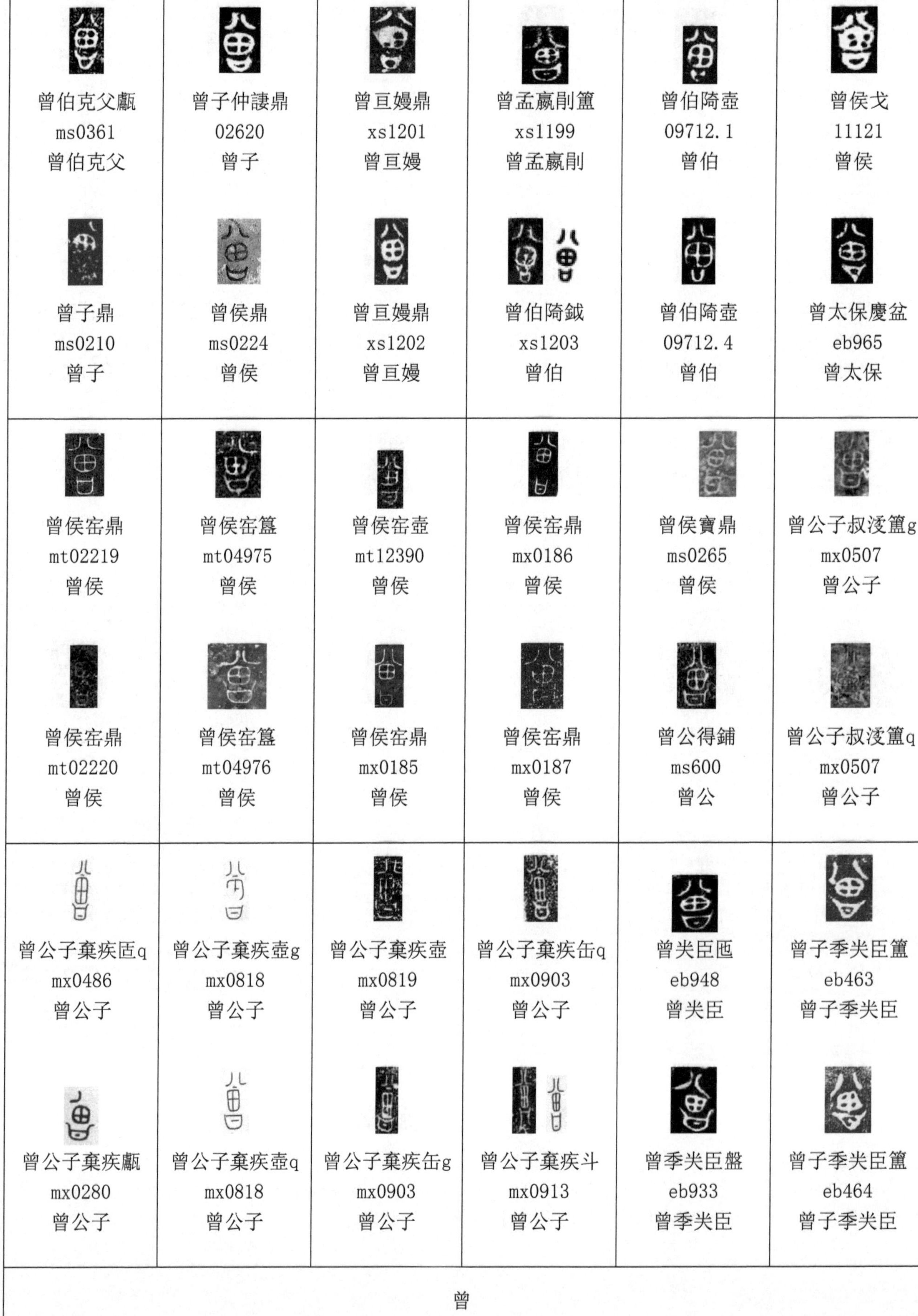

曾伯克父甗 ms0361 曾伯克父	曾子仲諆鼎 02620 曾子	曾亘嫚鼎 xs1201 曾亘嫚	曾孟嬴剈簠 xs1199 曾孟嬴剈	曾伯陭壺 09712.1 曾伯	曾侯戈 11121 曾侯
曾子鼎 ms0210 曾子	曾侯鼎 ms0224 曾侯	曾亘嫚鼎 xs1202 曾亘嫚	曾伯陭鉞 xs1203 曾伯	曾伯陭壺 09712.4 曾伯	曾太保慶盆 eb965 曾太保
曾侯宏鼎 mt02219 曾侯	曾侯宏簋 mt04975 曾侯	曾侯宏壺 mt12390 曾侯	曾侯宏鼎 mx0186 曾侯	曾侯寶鼎 ms0265 曾侯	曾公子叔淺簠g mx0507 曾公子
曾侯宏鼎 mt02220 曾侯	曾侯宏簋 mt04976 曾侯	曾侯宏鼎 mx0185 曾侯	曾侯宏鼎 mx0187 曾侯	曾公得鋪 ms600 曾公	曾公子叔淺簠q mx0507 曾公子
曾公子棄疾匜q mx0486 曾公子	曾公子棄疾壺g mx0818 曾公子	曾公子棄疾壺 mx0819 曾公子	曾公子棄疾缶q mx0903 曾公子	曾关臣匜 eb948 曾关臣	曾子季关臣簠 eb463 曾子季关臣
曾公子棄疾甗 mx0280 曾公子	曾公子棄疾壺q mx0818 曾公子	曾公子棄疾缶g mx0903 曾公子	曾公子棄疾斗 mx0913 曾公子	曾季关臣盤 eb933 曾季关臣	曾子季关臣簠 eb464 曾子季关臣

曾

曾侯仲子斿父鼎 02423 曾侯	曾仲斿父簠 04673 曾仲斿父	曾仲斿父方壺 09628.1 曾仲斿父	曾子單鬲 00625 曾子	曾伯從寵鼎 02550 曾伯	曾伯宮父穆鬲 00699 曾伯宮父
曾侯仲子斿父鼎 02424 曾侯	曾仲斿父簠 04674 曾仲斿父	曾仲斿父方壺 09629.1 曾仲斿父	曾大師賓樂與鼎 mt01840 曾太師	曾仲子敔鼎 02564 曾仲子	曾子斿鼎 02757 曾子
曾孟嬭諫盆 10332.1 曾孟嬭(羋)	叔旟鼎g mx0139 大曾文之孫	曾子仲宣鼎 02737 曾子	曾子𡱒簠 04528.1 曾子	曾子南戈甲 jk2015.1 曾子	曾子南戈丙 ms1421 曾子
曾孟嬭諫盆 10332.2 曾孟嬭(羋)	叔旟鼎q mx0139 大曾文之孫	曾仲鄢鎮墓獸方座 xs521 曾仲㑅君臚	曾子𡱒簠 04528.2 曾子	曾子南戈乙 ms1420 曾子	曾子叔交戈 ms1422 曾子
曾媙嬞朱姬簠g xs530 曾媙嬞邾姬	曾孫伯國甗 mx0277 曾孫	曾大司馬伯國簠 mx0488 曾大司馬	曾孫卲壺 mx0820 曾孫	曾孫褱簠 mx0483 曾孫	曾工差臣簠 mx0484 曾工佐臣
曾媙嬞朱姬簠q xs530 曾媙嬞邾姬	曾大司馬國鼎 mx0128 曾大司馬	曾孫卲簠 mx0482 曾孫	嬚盤 mx0948 唯曾八月	曾孫喬壺 mx0814 曾孫	曾𠭯公臣鼎 mx0117 曾𠭯公臣

曾

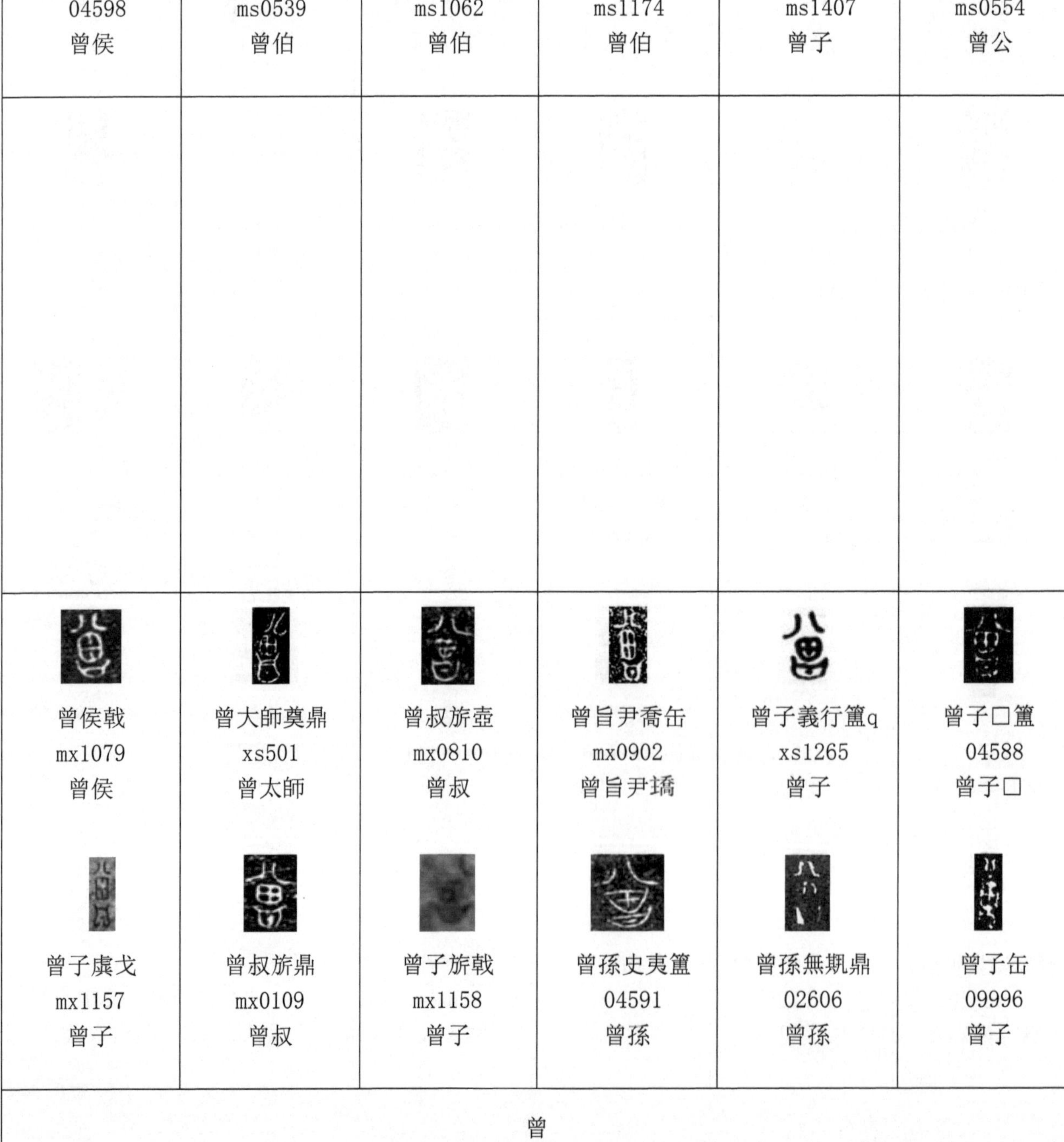

曾子伯誩鼎 02450 曾子伯誩	曾伯克父盨 ms0538 曾伯	曾伯克父壺g ms1062 曾伯	曾伯克父壺 ms1063 曾伯	曾子牧臣鼎 ms0211 曾子	曾子牧臣壺 ms1408 曾子
曾侯簠 04598 曾侯	曾伯克父盨 ms0539 曾伯	曾伯克父壺q ms1062 曾伯	曾伯克父鐳 ms1174 曾伯	曾子牧臣壺 ms1407 曾子	牧臣簠g ms0554 曾公
曾侯戟 mx1079 曾侯	曾大師奠鼎 xs501 曾太師	曾叔旂壺 mx0810 曾叔	曾旨尹喬缶 mx0902 曾旨尹趫	曾子義行簠q xs1265 曾子	曾子□簠 04588 曾子□
曾子虡戈 mx1157 曾子	曾叔旂鼎 mx0109 曾叔	曾子旂戟 mx1158 曾子	曾孫史夷簠 04591 曾孫	曾孫無期鼎 02606 曾孫	曾子缶 09996 曾子

曾

曾侯子鐘 mt15141 曾侯	曾侯子鐘 mt15143 曾侯	曾侯子鐘 mt15145 曾侯	曾侯子鐘 mt15147 曾侯	曾侯子鎛 mt15763 曾侯	曾侯子鎛 mt15765 曾侯
曾侯子鐘 mt15142 曾侯	曾侯子鐘 mt15144 曾侯	曾侯子鐘 mt15146 曾侯	曾侯子鐘 mt15148 曾侯	曾侯子鎛 mt15764 曾侯	曾侯子鎛 mt15766 曾侯
曾子遡簠 04488 曾子	曾□□簠 04614 曾□□	曾公叔考臣甗 ms0357 曾公孫	曾侯郕戈 10981 曾侯	曾侯郕戈 11095 曾侯	曾侯郕戈 11174 曾侯
曾子遡簠 04489 曾子	曾子叔牪父簠 04544 曾子	曾旨尹喬匜 ms1245 曾旨尹喬	曾侯郕戈 11094 曾侯	曾侯郕戟 11096 曾侯	曾侯郕戟 11175 曾侯

曾

曾者子鼎 02563 曾者子□ 曾子白父匜 10207 曾子	曾大保盆 10336 曾太保 曾師季輔盤 10138 曾師季輔	曾侯絴伯戈 ms1400 曾侯			賷侯盤 ms1205 賷侯曾(贈)蔡媯盤
曾侯郕戟 11098a 曾侯 曾侯郕戟 11098b 曾侯	曾侯郕戟 11097 曾侯 曾侯郕戟 11176a 曾侯	曾侯郕戟 11176b 曾侯 曾侯郕戟 11177a 曾侯	曾侯郕戟 11177b 曾侯 曾侯郕簠 eb460 曾侯	曾侯郕簠 mx0477 曾侯 曾侯郕殳 11567 曾侯	
曾					CE

尚

			 □伯侯盤 xs1309 □□□曾	 醫子奠伯鬲 00742 醫子子奠白	 陳公子甗 00947 子孫是尚
 余贎逐兒鐘 00185.1 曾孫僕兒	 吴王光鐘 0223.1 吴王光穆曾(贈)辟[金] 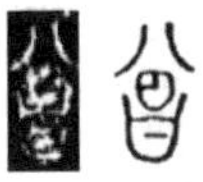 吴王光鐘 00224.1 吴王光穆曾(贈)辟[金]	 吴王光鐘 00224.16 [吴王光穆]曾(贈)辟[金]  吴王光鐘 00224.24 吴王光穆曾(贈)辟金			
徐	吴				陳

宋	D	黃	曾	CE	徐
			 曾伯霥壺 ms1069 先民之尚		
	 此余王鼎 mx0220 永寶是尚	 伯亞臣鐳 09974 永寶是尚  伯遊父巵 mt19239b 永寶是尚		 竇君季聰鑑 mx0535 永寶是尚 登鐸 mx1048 永保是尚	
 宋右師延敦 CEB33001 駿恭天尚(常)			 曾侯與鐘 mx1029 萬世是惝(尚)		 郤醠尹征城 00425.2 士余是尚

			 爲甫人盨 04406 萬歲用尚(常)  爲甫人鼎 mt02064 萬歲用尚(常)	 冶仲考父壺 09708 永寶是尚	
 者減鐘 00194 永保是尚  者減鐘 00195 永保是尚	 者減鐘 00196 永[保是]尚  者減鐘 00197.2 永保是尚	 者減鐘 00198.2 永保是尚			 季子康鎛 mt15789b 永保是惝(尚)  季子康鎛 mt15790b 永保是惝(尚)
			 者尚余卑盤 10165 者尚余卑□	 要君盂 10319 [永]寶是尚	
吴					鍾離

公

	秦公鼎 xs1337 秦公 秦公鼎 xs1338 秦公	秦公鼎 xs1340 秦公 秦公鼎 xs1339 秦公	秦公鼎 xs1341 秦公 秦公簋 xs1342 秦公	秦公鐘 xs1345 秦公 秦公壺 xs1346 秦公	秦公壺 xs1347 秦公 秦公壺 xs1348 秦公
季子康鎛 mt15791b 永保是惝(尚)	秦公簋 04315.1 秦公 秦公簋 04315.1 十又二公	盄和鐘 00270.1 秦公 盄和鐘 00270.1 十又二公	秦公戈 mx1238 秦公		
鍾離	秦				

秦公簋q mt04250 秦公	秦公簋q mt04251 秦公	秦公簋 mt04387 秦公	秦公簋 mt04389 秦公	秦公鼎 mt01558 秦公	秦公壺 ms1042 秦公
秦公簋g mt04250 秦公	秦公簋g mt04251 秦公	秦公簋 mt04388 秦公	秦公鼎 mt01557 秦公	秦公鼎 mt01559 秦公	秦公鼎 ms0173 秦公

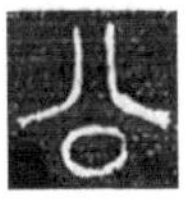

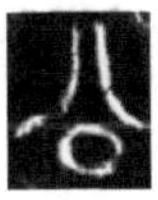

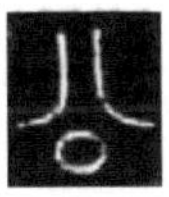

秦

秦公簋 ms0427 秦公	 秦公鼎 eb249 秦公	 秦公鐘 00262 秦公	 秦公鐘 00262 静公	 秦公鐘 00262 公及王姬	 秦公鐘 00263 秦公
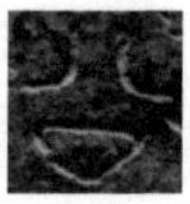 秦公壺 ms1041 秦公	 秦公壺 mt12184 秦公	 秦公鐘 00262 卲文公	 秦公鐘 00262 憲公	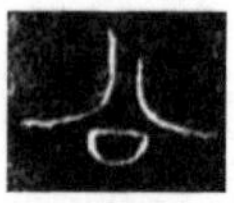 秦公鐘 00263 皇公	 秦公鐘 00264 秦公

秦

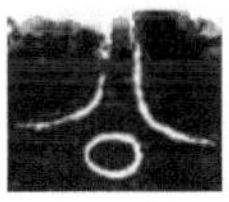 秦公鐘 00264 卲文公	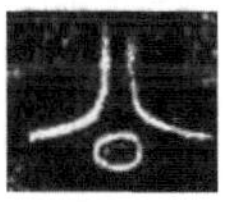 秦公鐘 00264 憲公	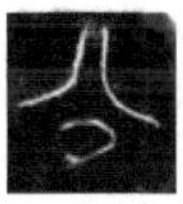 秦公鐘 00266 皇公	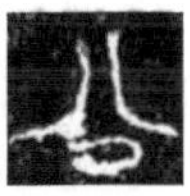 秦公鎛 00267.1 卲文公	 秦公鎛 00267.1 憲公	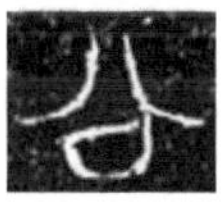 秦公鎛 00267.2 皇公
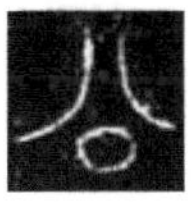 秦公鐘 00264 静公	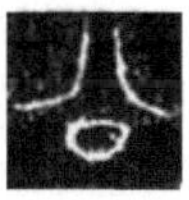 秦公鐘 00264 公及王姬	 秦公鎛 00267.1 秦公	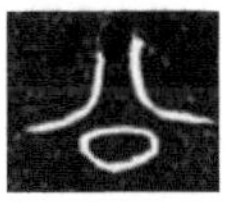 秦公鎛 00267.1 静公	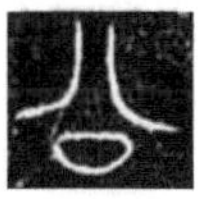 秦公鎛 00267.1 公及王姬	 秦公鎛 00267.2 秦公

秦

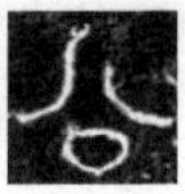

秦公鎛 00268.1 秦公 秦公鎛 00268.1 卲文公	秦公鎛 00268.1 静公 秦公鎛 00268.1 憲公	秦公鎛 00268.1 公及王姬 秦公鎛 00268.2 皇公	秦公鎛 00268.2 秦公 秦公鎛 00269.1 秦公	秦公鎛 00269.1 卲文公 秦公鎛 00269.1 静公	秦公鎛 00269.1 憲公 秦公鎛 00269.1 公及王姬

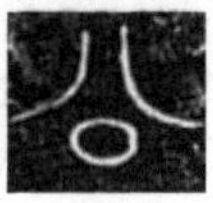

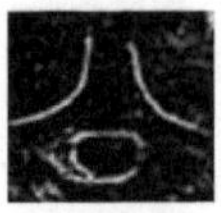

秦

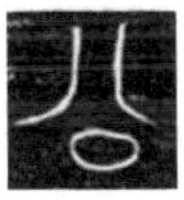 秦公鎛 00269.2 皇公 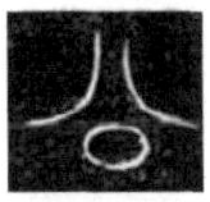 秦公鎛 00269.2 秦公	 秦公簋g mx0334 秦公  秦公簋q mx0334 秦公	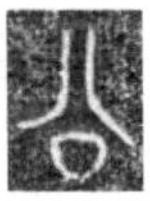 秦公簋g mx0335 秦公  秦公簋q mx0335 秦公	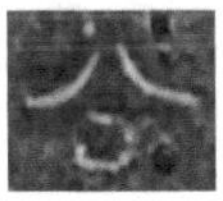 秦公鼎 mx0107 秦公  秦子戈 mt17209 公族	 秦子戈 11353 公族  秦子矛 11547.1 公族	 内公鐘 00031 芮公  内公鐘鈎 00032 芮公
秦					芮

内公鐘鈎 00033 芮公	内公鼎 02389 芮公	内公簋蓋 03707 芮公	内公壺 09597 芮公	芮公簋 eb391 芮公	内公簠 04531 芮公
内公鼎 00743 芮公	内公鼎 02475 芮公	内公簋蓋 03708 芮公	内公壺 09598 芮公	芮公鬲 eb77 芮公	内公簋蓋 03709 ［芮］公

芮

入公戈 10973 入(芮)公	芮公簋q mx0350 芮公	仲姜鼎 mt01836 趄(桓)公	仲姜鼎 mt01838 趄(桓)公	仲姜簋q mt04532 趄(桓)公	仲姜簋q mt04533 趄(桓)公
芮公簋g mx0350 芮公	仲姜鼎 mt01835 趄(桓)公	仲姜鼎 mt01837 趄(桓)公	仲姜簋g mt04532 �(桓)公	仲姜簋g mt04533 逭(桓)公	仲姜簋g mt04534 逭(桓)公

芮

 仲姜簋q mt04534 趄(桓)公	 仲姜簋q mt04535 趄(桓)公	 仲姜壺 mt12248 逗(桓)公	 芮公脊父壺 ms1046 芮公	 芮公鼎 ms0255 芮公	 芮公簋g ms0429 芮公
 仲姜簋g mt04535 逗(桓)公	 仲姜壺 mt12247 趄(桓)公	 仲姜甗 mt03300 趄(桓)公	 芮公鼎 ms0254 芮公	 芮公簋 ms0428 芮公	 芮公簋q ms0429 芮公

芮

 芮公簋g ms0430 芮公  芮公簋q ms0430 芮公	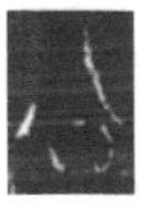 芮公簋g ms0431 芮公 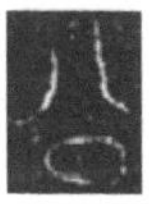 芮公簋q ms0431 芮公	 仲姜鼎 ms0202 趄(桓)公  芮公鼓架銅套 ms173025 芮定公	 戎生鐘 xs1613 憲公		
			 子犯鐘 xs1008 晉公  子犯鐘 xs1009 晉公	 子犯鐘 xs1010 晉公  子犯鐘 xs1020 晉公	 子犯鐘 xs1021 晉公  子犯鐘 xs1022 晉公
			 郘黛鐘 00225 畢公  郘黛鐘 00226 畢公	 郘黛鐘 00228 畢公  郘黛鐘 00230 畢公	 郘黛鐘 00231 畢公  郘黛鐘 00232 畢公
芮			晉		

				 衛公孫吕戈 11200 衛公孫	
 晉公盆 10342 晉公  晉公盆 10342 唐公	 晉公盤 mx0952 晉公  晉公盤 mx0952 唐公	 晉公盤 mx0952 唐公  晉公盤 mx0952 憲公	 晉公盤 mx0952 公曰		 匽公匜 10229 燕公
 郘黛鐘 00233 畢公  郘黛鐘 00234 畢公	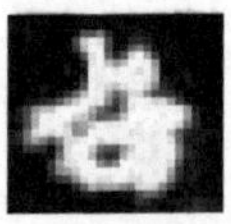 郘黛鐘 00235 畢公  郘黛鐘 00237 畢公	 晉公車軎 12027 晉公  晉公車軎 12028 晉公			
晉				衛	燕

 宗婦鄁嫛𣪕 04087 王子剌公	 宗婦鄁嫛壺 09699.1 王子剌公	 宗婦鄁嫛盤 10152 王子剌公	 宗婦鄁嫛鼎 02684 王子剌公	 宗婦鄁嫛鼎 02686 王子剌公	 宗婦鄁嫛鼎 02688 王子剌公
 宗婦鄁嫛壺 09698.2 王子剌公	 宗婦鄁嫛壺 09699.2 王子剌公	 宗婦鄁嫛鼎 02683 王子剌公	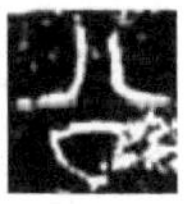 宗婦鄁嫛鼎 02685 王子剌公	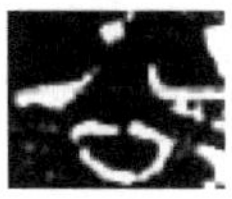 宗婦鄁嫛鼎 02687 王子剌公	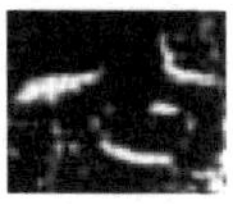 宗婦鄁嫛鼎 02689 王子剌公

BC

宗婦鄁嬰𣪘蓋 04076 王子剌公	宗婦鄁嬰𣪘 04078 王子剌公	宗婦鄁嬰𣪘 04080 王子剌公	宗婦鄁嬰𣪘 04083 王子剌公	宗婦鄁嬰𣪘 04085 王子剌公	宗婦鄁嬰𣪘 04086.2 王子剌公
宗婦鄁嬰𣪘 04077 王子剌公	宗婦鄁嬰𣪘 04079 王子剌公	宗婦鄁嬰𣪘 04081 王子剌公	宗婦鄁嬰𣪘 04084 王子剌公	宗婦鄁嬰𣪘 04086.1 王子剌公	

BC

 子耳鼎 mt02253 公子		 蘇公匜 xs1465 蘇公			
				 許公簠g mx0510 許公 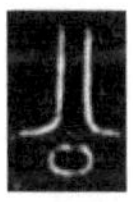 許公簠g mx0511 許公	 許公簠q mx0511 許公  許公簠q mx0510 許公
 哀成叔鼎 02782 康公  盧鼎q xs1237 鄭莊公	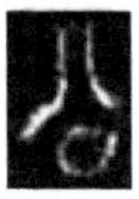 鄭莊公之孫盧 mt02409 鄭莊公 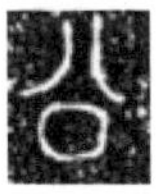 封子楚簠g mx0517 鄭武公	 寬兒鼎 02722 蘇公  寬兒缶 mt14091 蘇公	 寬兒缶 mt14092 蘇公	 鄦公買簠 04617.2 許公  鄦公買簠g eb475 許公	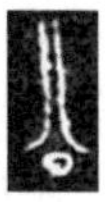 鄦公買簠q eb475 許公  許公寍戈 eb1145 許公
鄭		蘇		許	

		 陳公子甗 00947 陳公子			
		 陳公子中慶簠 04597 陳公子  陳公孫𢍰父瓶 09979 陳公孫	 敶姬小公子盨 04379.1 小公子  敶姬小公子盨 04379.2 小公子	 有兒簋 mt05166 陳洹(桓)公	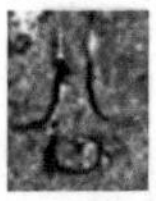 宋公豳鋪 mt06157 宋公豳  宋公豳鋪 mx0532 宋公豳
 許公戈 xs585 許公  許公戈 eb1121 許公	 許公戈 eb1144 許公 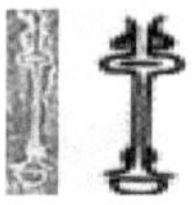 許公戈 xs531 許公				 宋公䜌鼎蓋 02233 宋公  宋公䜌簠 04589 宋公
許		陳			宋

					曹伯狄毁 04019 夙[illegible]公
宋公圞鼎g mx0209 宋公圞 宋公圞鼎q mx0209 宋公圞	趞亥鼎 02588 宋莊公	宋公戌鎛 00008 宋公 宋公戌鎛 00009 宋公	宋公戌鎛 00010 宋公 宋公戌鎛 00011 宋公	宋公戌鎛 00012 宋公 宋公戌鎛 00013 宋公	
宋公䜌簠 04590 宋公 宋公差戈 11204 宋公差(佐)	宋公差戈 11281 宋公差(佐) 宋公差戈 11289 宋公差(佐)	宋公得戈 11132 宋公 宋公䜌戈 11133 宋公			曹公簠 04593 曹公 曹公盤 10144 曹公
宋					曹

<table>
<tr><td> 杞伯雙聯鬲
mx0262
其姑公</td><td> 魯伯悆盨
04458.1
用公齍

魯伯悆盨
04458.2
用公齍</td><td></td><td></td><td></td><td> 邾公子害簠g
mt05907
邾公子 

邾公子害簠q
mt05907
邾公子</td></tr>
<tr><td></td><td></td><td> 邾公釛鐘
00102
邾公</td><td></td><td></td><td></td></tr>
<tr><td></td><td></td><td> 鼄公牼鐘
00150
邾公 

鼄公牼鐘
00152
邾公</td><td> 鼄公華鐘
00245
邾公 

鼄公華鐘
00245
哉(載)公眉壽</td><td> 邾公孫班鎛
00140
邾公孫班</td><td> 郳公鞁父鎛
mt15815
郳公 

郳公鞁父鎛
mt15816
郳公</td></tr>
<tr><td>杞</td><td>魯</td><td colspan="3">邾</td><td>郳</td></tr>
</table>

邾公子害簠 mt05908 邾公子					
郳公𩍦父鎛 mt15817 郳公 郳公𩍦父鎛 mt15818 郳公	郳公𩍦父鎛 mt15815 朕皇祖𪒠公 郳公𩍦父鎛 mt15815 皇考惠公	郳公𩍦父鎛 mt15816 朕皇祖𪒠公 郳公𩍦父鎛 mt15816 皇考惠公	郳公𩍦父鎛 mt15817 朕皇祖𪒠公 郳公𩍦父鎛 mt15817 皇考惠公	郳公𩍦父鎛 mt15818 朕皇祖𪒠公 郳公𩍦父鎛 mt15818 皇考惠公	隮公克敦 04641 郳公 郳公戈 ms1492 郳公

郳

			 郜公典盤 xs1043 公萁爲其盥盤	 庚壺 09733.1B 靈公  庚壺 09733.1B 公曰…	 庚壺 09733.1B 靈公  庚壺 09733.2B 靈公
 郳公韍鯱 mx0891 郳公	 司馬楙鎛 eb47 皇祖悼公  司馬楙鎛 eb49 先公	 者兒戈 mx1255 滕師公		 公子土折壺 09709 公孫  公子土折壺 09709 公子	
郳	滕		郜	齊	

庚壺 09733.2B 莊公 庚壺 09733.2B 公曰…	叔夷鐘 00272.1 公曰… 叔夷鐘 00273.1 公曰…	叔夷鐘 00273.1 公家 叔夷鐘 00274.1 公曰…	叔夷鐘 00274.2 公家 叔夷鐘 00275.2 君公	叔夷鐘 00276.1 穆公 叔夷鐘 00276.1 襄公	叔夷鐘 00276.1 鹹(成)公 叔夷鐘 00276.2 靈公
齊					

叔夷鐘 00276.2 靈公 叔夷鐘 00280 …公之孫	叔夷鐘 00280 襄公 叔夷鐘 00280 皒(成)公	叔夷鐘 00282 君公 叔夷鎛 00285.1 公曰	叔夷鎛 00285.2 公曰 叔夷鎛 00285.2 公家	叔夷鎛 00285.3 公曰 叔夷鎛 00285.4 公家	叔夷鎛 00285.5 君公 叔夷鎛 00285.6 穆公

齊

叔夷鎛 00285.6 襄公	叔夷鎛 00285.7 有恭于公所	姬寏母豆 04693 庸公	姬寏母豆 04693 孝公	公豆 04654 公簋	公豆 04656 公簋
叔夷鎛 00285.6 鹹(成)公	姬寏母豆 04693 太公	姬寏母豆 04693 [邦]公	姬寏母豆 04693 静公	公豆 04655 公簋	公豆 04657 公簋
齊				莒	

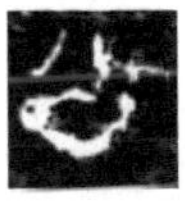

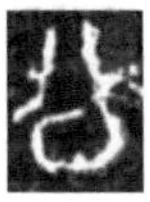

<table>
<tr><td></td><td></td><td></td><td> 鑄公簠蓋
04574
鑄公</td><td></td><td> 鄧公簋
03775
鄧公 

鄧公簋
03776
鄧公</td></tr>
<tr><td> 公鑄壺
09513
公鑄壺 

簷公戈
xs1033
簷(莒)公</td><td></td><td></td><td> 濫公宜脂鼎
mx0191
濫公宜脂 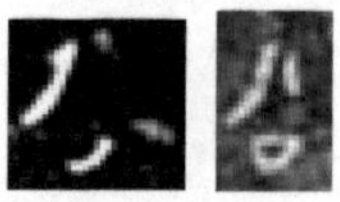

郚郭公子戈
xs1129
郚郭公子</td><td> 曩公壺
09704
曩公</td><td> 鄧公乘鼎
02573.1
鄧公 

鄧公乘鼎
02573.2
鄧公</td></tr>
<tr><td></td><td> 淳于公戈
11124
淳于公 

淳于公戈
11125
淳于公</td><td> 淳于公戈
xs1109
淳于公 

淳于公戈
ms1426
淳于公</td><td> 荆公孫敦
t06070
荆公孫 

荆公孫敦
04642
荆公孫</td><td> 鵙公劍
11651
鵙公</td><td></td></tr>
<tr><td>莒</td><td colspan="2">淳于</td><td colspan="2">D</td><td>鄧</td></tr>
</table>

 鄧公簋蓋 04055 鄧公  鄧公孫無忌鼎 xs1231 鄧公	 鄧公匜 10228 鄧公  鄧公牧簋 03591 鄧公	 鄧公牧簋 03590.1 鄧公  鄧公牧簋 03590.2 鄧公	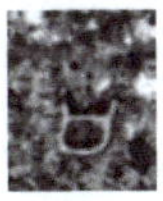 牧臣簠g ms0554 曾公		
			 曾公畎鎛鐘 jk2020.1 曾公  曾公畎鎛鐘 jk2020.1 南公	 曾公畎鎛鐘 jk2020.1 南公   曾公畎甬鐘A jk2020.1 曾公	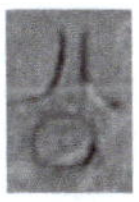  曾公畎甬鐘A jk2020.1 南公   曾公畎甬鐘A jk2020.1 南公
			  曾侯與鐘 mx1029 南公  曾公子棄疾鼎q mx0126 曾公子	 曾公子棄疾鼎g mx0126 曾公子  曾公子棄疾鼎g mx0127 曾公子	 曾公子棄疾匜g mx0486 曾公子  曾公子棄疾匜q mx0486 曾公子
鄧			曾		

					 蔡公子叔湯壺 xs1892 蔡公子
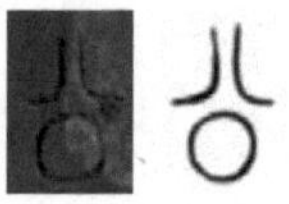 曾公畎甬鐘A jk2020.1 南公 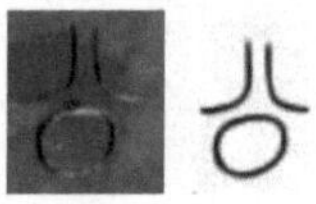 曾公畎甬鐘B jk2020.1 曾公	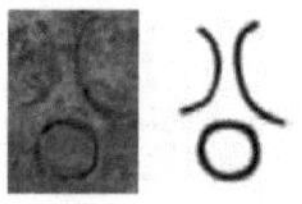 曾公畎甬鐘B jk2020.1 南公  曾公畎甬鐘B jk2020.1 南公	 嬭加編鐘 kg2020.7 恭公早陟  嬭加鎛乙 ms1283 儔公及我大夫	 曾公子叔湀簠g mx0507 曾公子 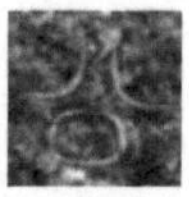 曾公子叔湀簠q mx0507 曾公子	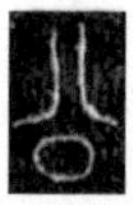 曾公得鋪 ms600 曾公	
 曾公子棄疾甗 mx0280 曾公子  曾公子棄疾壺 mx0819 曾公子	 曾公子棄疾壺g mx0818 曾公子 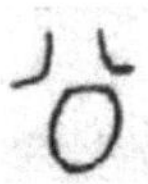 曾公子棄疾壺g mx0818 曾公子	 曾公子棄疾缶g mx0903 曾公子  曾公子棄疾缶q mx0903 曾公子	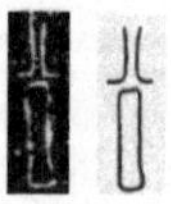 曾公子棄疾斗 mx0913 曾公子  曾喦公臣鼎 mx0117 曾喦公臣	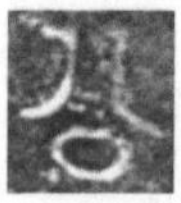 曾公叔考臣甗 ms0357 曾公孫	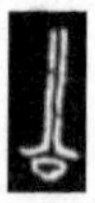 蔡公子戈 mx1173 蔡公子  蔡公子義工簠 04500 蔡公子
曾					蔡

蔡公孫鱄戈 mx1200 蔡公孫 蔡公子加戈 11148 蔡公子	蔡公子加戈 mt16903 蔡公子 蔡公子果戈 11145 蔡公子	蔡公子果戈 11146 蔡公子 蔡公子果戈 11147 蔡公子	蔡公子果戈 mx1174 蔡公子 蔡公子頒戈 eb1146 蔡公子	蔡公子從戈 xs1676 蔡公子 蔡公子縝戈 mx1176 蔡公子	蔡公子吴戈 ms1438 蔡公子 蔡公子從劍 mt17837 蔡公子
蔡					

	鄦公彭宇簠 04610 申公 鄦公彭宇簠 04611 申公		䣄公諴簠 04600 鄀公 上鄀公敄人簋蓋　04183 上鄀公	鄀公敄人鐘 00059 鄀公 鄀公敄人鐘 00059 哀公	鄀公諴鼎 02753 下鄀雍公 鄀公平侯鼎 02771 鄀公
			上鄀公簠g xs401 上鄀公 上鄀公簠q xs401 上鄀公		
蔡公子從劍 mt17838 蔡公子	申公壽簠 mx0498 申公 無所簠 eb474 彭公	彭公孫無所鼎 eb299 彭公 彭子射盂鼎 mt02264 申公			
蔡	CE				

都公平侯鼎 02771 皇祖晨公 都公平侯鼎 02771 皇考犀盂公	都公平侯鼎 02772 都公 都公平侯鼎 02772 皇祖晨公	都公平侯鼎 02772 皇考犀盂公 都公簠蓋 04569 都公	鄁公鼎 02714 鄁公 鄁公簋 04016 鄁公	鄁公簋 04017.2 鄁公 鄁公簋 04017.1 鄁公	
					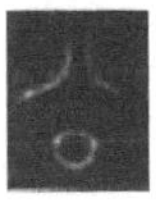 鄝公戈 ms1430 鄝公 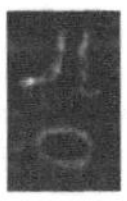 鄝公戈 ms1430 公子
CE					

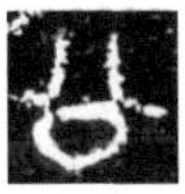

	塞公孫⿰爿旨父匜 10276 塞公孫				
鄝公戈 ms1429 鄝公 鄝公戈 ms1429 公子	塞公屈顙戈 mt16696 塞公		童麗公柏戟 mx1145 鍾離公 童麗公柏戟 mt17055 鍾離公	季子康鎛 mt15787a 鍾離公 季子康鎛 mt15789a 鍾離公	季子康鎛 mt15790a 鍾離公 季子康鎛 mt15791a 鍾離公
	復公仲壺 09681 復公仲 復公仲壺 09681 其賜公子孫	復公仲簋蓋 04128 復公仲 虎鄭公佗戈 mx1150 虎鄭公	九里墩鼓座 00429.1 聖靡公		
CE	楚		鍾離		

鍾離	舒	徐	吳		
					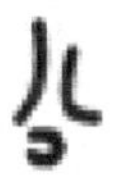 公戈 11280 悳公  公鏞戈 xs1968 □□公鏞戈
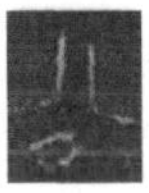 余子白𠭯此戈 mx1248 鍾離公			 者𣴎鐘 00193 [若盬]公壽 者𣴎鐘 00195 若盬公壽	者𣴎鐘 00196 [若盬]公壽 者𣴎鐘 00198.2 若盬(召)公壽	 公父宅匜 10278 浮公  公父宅匜 10278 浮公
	 夫跌申鼎 xs1250 甫遽公	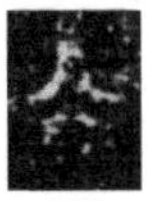 嬰同盆 ms0621 保𧾷公			餎公鯢曹戈 11209 餎公 虡公劍 11663A 虡公

余

<table>
<tr>
<td> 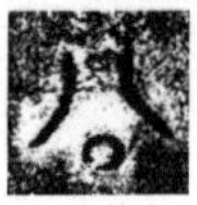公戈
10813
公 

圃公鼎
xs1463
圃公□□</td>
<td> 公鎛
ms1662
公</td>
<td></td>
<td> 秦公鐘
00262
余小子 

秦公鐘
00262
余夙夕虔敬朕祀</td>
<td> 秦公鐘
00264
余小子 

秦公鐘
00264
余夙夕虔敬朕祀</td>
<td> 秦公鎛
00267.1
余小子 

秦公鎛
00267.1
余夙夕虔敬朕祀</td>
</tr>
<tr>
<td> 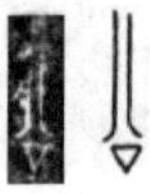耳鑄公劍
xs1981
耳鑄公劍 

文公之母弟鐘
xs1479
文公</td>
<td> 公戈
xs1537
公戈 

益余敦
xs1627
邵翏公</td>
<td>匽君壺
09680
成公</td>
<td> 秦公簋
04315.1
余雖小子 

盄和鐘
00270.1
余雖小子</td>
<td></td>
<td></td>
</tr>
<tr>
<td> 虡公劍
eb1297
虡公 

虡公劍
eb1298
虡公</td>
<td> 蔡劍
mt17861
文公 

蔡劍
mt17862
文公</td>
<td>匽公戈
mx1106
匽公 

公孫疕戈
mx1233
公孫</td>
<td></td>
<td></td>
<td></td>
</tr>
<tr>
<td></td>
<td></td>
<td></td>
<td colspan="3">秦</td>
</tr>
</table>

<table>
<tr>
<td> 秦公鎛
00268.1
余小子 

秦公鎛
00268.1
余夙夕虔敬朕祀</td>
<td> 秦公鎛
00269.1
余小子 

秦公鎛
00269.1
余夙夕虔敬朕祀</td>
<td> 戎生鐘
xs1615
今余弗叚灋其顯光 

戎生鐘
xs1617
余用卲追孝于皇祖皇考</td>
<td> 晋姜鼎
02826
余唯嗣朕先姑君晋邦 

晋姜鼎
02826
余不暇妄(荒)寧</td>
<td></td>
<td></td>
</tr>
<tr>
<td></td>
<td></td>
<td> 晋公盆
10342
余锥(唯)今小子 

晋公盆
10342
余咸畜胤士</td>
<td> 晋公盤
mx0952
余锥(唯)今小子 

晋公盤
mx0952
余咸畜胤士</td>
<td></td>
<td></td>
</tr>
<tr>
<td></td>
<td></td>
<td> 郘黛鐘
00225
余不敢爲驕 

郘黛鐘
00226
余畢公之孫</td>
<td> 郘黛鐘
00226
余頡䍜事君 

郘黛鐘
00226
余不敢爲驕</td>
<td> 郘黛鐘
00226
余嘼(狩)丮武 

郘黛鐘
00226
作爲余鐘</td>
<td> 郘黛鐘
00227
余嘼(狩)丮武 

郘黛鐘
00227
作爲余鐘</td>
</tr>
<tr>
<td colspan="2">秦</td>
<td colspan="4">晋</td>
</tr>
</table>

郘黛鐘 00228 余畢公之孫 郘黛鐘 00228 余頡岡事君	郘黛鐘 00228 余嘼(狩)丮武 郘黛鐘 00228 作爲余鐘	郘黛鐘 00228 余不敢爲驕 郘黛鐘 00229 余不敢爲驕	郘黛鐘 00230 余畢公之孫 郘黛鐘 0230 余頡岡事君	郘黛鐘 00230 余嘼(狩)丮武 郘黛鐘 00230 作爲余鐘	郘黛鐘 00231 余畢公之孫 郘黛鐘 00231 余頡岡事君
晋					

 郘黛鐘 00231 余畧(狩)丮武	 郘黛鐘 00231 余不敢爲驕	 郘黛鐘 00232 余頡罡事君	 郘黛鐘 00232 余不敢爲驕	 郘黛鐘 00233 余頡罡事君	 郘黛鐘 00233 作爲余鐘
 郘黛鐘 00231 作爲余鐘	 郘黛鐘 00232 余畢公之孫	 郘黛鐘 00232 作爲余鐘	 郘黛鐘 00233 余畢公之孫	 郘黛鐘 00233 余畧(狩)丮武	 郘黛鐘 00233 余不敢爲驕

晉

 郘黛鐘 00234 余畢公之孫 郘黛鐘 00234 余頡岡事君	 郘黛鐘 00234 余嘼(狩)丮武 郘黛鐘 00234 作爲余鐘	 郘黛鐘 00234 余不敢爲驕 郘黛鐘 00235 余畢公之孫	 郘黛鐘 00235 余不敢爲驕 郘黛鐘 00235 作爲余鐘	 郘黛鐘 00236 余不敢爲驕 郘黛鐘 00237 余畢公之孫	 郘黛鐘 00237 余頡岡事君 郘黛鐘 00237 作爲余鐘
晋					

			 鄭義伯鑑 09973.2 余以行以征		
 郘黛鐘 00237 余不敢爲驕  少虡劍 11696.2 朕余名之	  少虡劍 11697 朕余名之  少虡劍 11698 朕余名之	 吉日壬午劍 mt18021 朕余名之	 與兵壺q eb878 余鄭太子之孫  與兵壺g eb878 余鄭太子之孫	 與兵壺q eb878 擇余吉金  與兵壺g eb878 擇余吉金	 與兵壺q eb878 余嚴敬兹禋盟  與兵壺 ms1068 余鄭太子之孫
晉			鄭		

 與兵壺 ms1068 擇余吉金  與兵壺 ms1068 余嚴敬茲禋盟	 哀成叔鼎 02782 余鄭邦之產	盧鼎g xs1237 余鄭莊公之孫  盧鼎q xs1237 余鄭莊公之孫	 鄭莊公之孫盧鼎　mt02409 余鄭莊公之孫  鄭莊公之孫盧鼎　mt02409 余剌疚之子	 鼄大宰簠 04623 余諸恭孔惠  鼄大宰簠 04624 余諸恭孔惠	 鼄公牼鐘 00151 余畢龏畏忌  鼄公牼鐘 00150 余畢龏畏忌
鄭				邾	

			 齊侯鎛 00271 余彌心畏忌  齊侯鎛 00271 余四事是以	 齊侯鎛 00271 余爲大攻厄  庚壺 09733.2B 余以賜汝□	 叔夷鐘 00272.1 余經乃先祖  叔夷鐘 00272.1 余既尃乃心
 鼄公華鐘 00245 余畢龏畏忌	 郳公鞁父鎛 mt15815 余有融之子孫  郳公鞁父鎛 mt15816 余有融之子孫	 郳公鞁父鎛 mt15817 余有融之子孫 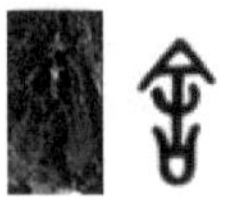 郳公鞁父鎛 mt15818 舍(余)有融之子孫	 洹子孟姜壺 09729 余不其使汝受殃  洹子孟姜壺 09730 余不其使汝受殃		
邾	郳		齊		

叔夷鐘 00272.1 余引厭乃心	叔夷鐘 00273.2 余賜汝萊都	叔夷鐘 00274.1 余小子	叔夷鐘 00274.1 余用登純厚乃命	叔夷鐘 00274.2 余命汝緘佐正卿	叔夷鐘 00275.1 汝以恤余朕身
叔夷鐘 00272.2 余命汝政于朕三軍	叔夷鐘 00273.2 余命汝司治萊	叔夷鐘 00274.1 汝傅余于艱恤	叔夷鐘 00274.2 左右余一人	叔夷鐘 00274.2 膺卹余于盟卹	叔夷鐘 00275.1 余賜汝馬車戎兵

齊

叔夷鐘 00275.2 余弗敢廢乃命 叔夷鐘 00281 余引厭乃心	叔夷鐘 00281 余… 叔夷鐘 00281 余賜汝萊都	叔夷鐘 00282 汝傅余于艱恤 叔夷鎛 00285.1 余經乃先祖	叔夷鎛 00285.1 余既專乃心 叔夷鎛 00285.1 余引厭乃心	叔夷鎛 00285.1 余命汝政于朕三軍 叔夷鎛 00285.3 余賜汝萊都	叔夷鎛 00285.3 余命汝司治萊 叔夷鎛 00285.4 余用登純厚乃命

齊

				 曩甫人匜 10261 曩夫人余  曩甫人匜 10261 余王寶戲孫	
 叔夷鎛 00285.4 余小子  叔夷鎛 00285.4 汝傅余于艱恤	 叔夷鎛 00285.4 左右余一人  叔夷鎛 00285.4 余命汝緘佐正卿	 叔夷鎛 00285.4 膺卹余于盟卹  叔夷鎛 00285.5 汝以卹余朕身	 叔夷鎛 00285.5 余賜汝馬車戎兵  叔夷鎛 00285.5 余弗敢廢乃命		 此余王鼎 mx0220 此余王□□君  濫公宜脂鼎 mx0191 濫公宜脂余其良金
齊				曩	D

鄧公孫無忌鼎 xs1231 余用征用行	曾伯霥簠 04631 余擇其吉金 曾伯霥簠 04631 余用自作旅簠	曾伯霥簠 04632 余擇其吉金 曾伯霥簠 04632 余用自作旅簠	曾伯霥壺 ms1069 余温恭且忌 曾伯霥壺 ms1069 余爲民父母	曾伯霥壺 ms1069 余是楙是則	
	曾公畯鎛鐘 jk2020.1 余無謗受 曾公畯甬鐘A jk2020.1 余無謗受	曾公畯甬鐘B jk2020.1 余無謗受	曾公畯鎛鐘 jk2020.1 憂舍(余)孺小子 曾公畯甬鐘A jk2020.1 憂舍(余)孺小子	曾公畯甬鐘B jk2020.1 憂舍(余)孺小子 曾公畯甬鐘B jk2020.1 憂舍(余)孺小子	嬭加編鐘 kg2020.7 余文王之孫 嬭加編鐘 kg2020.7 余非敢乍(怍)䰰(恥)
	曾侯與鐘 mx1032 余稷之玄孫 曾侯與鐘 mx1034 余永用畯長	曾侯與鐘 mx1029 余申𡈼楚成 曾侯殘鐘 mx1031 余申𡈼楚成	曾侯與鐘 mx1029 畬(余)萬世是尚 曾侯鐘 mx1025 余□□…	嬫盤 mx0948 余郗君之元女 嬫盤 mx0948 余周室𠈌(介)俌(輔)	
鄧	曾				

 嬭加編鐘 kg2020.7 余復其疆鄙  嬭加編鐘 kg2020.7 余勉乃子加嬭	 嬭加鎛乙 ms1283 余典册厥德  嬭加鎛乙 ms1283 余［爲婦］爲夫	 嬭加鎛乙 ms1283 余減頣下屖  嬭加鎛乙 ms1283 余擇辝吉金			
			 蔡侯紐鐘 00210.1 余唯末少子  蔡侯紐鐘 00210.1 余非敢寧忘(荒)	 蔡侯紐鐘 00211.1 余唯末少子  蔡侯紐鐘 00211.1 余非敢寧忘(荒)	 蔡侯紐鐘 00217.1 余非敢寧忘(荒)  蔡侯紐鐘 00218.1 余唯末少子
曾			蔡		

			楚太師登鐘 mt15511a 余保辟楚王 楚太師登鐘 mt15512a 余保辟楚王	楚太師登鐘 mt15514a 余保辟楚王 楚太師登鐘 mt15516a 余保辟楚王	楚太師登鐘 mt15518b 余保辟楚王 楚太師鄧子辟慎鎛 mx1045 余保辟楚王
			諆余鼎 mx0219 □子諆余	王孫誥鐘 xs418 余不畏不[illegible](差) 王孫誥鐘 xs419 余不畏不[illegible](差)	王孫誥鐘 xs420 余不畏不[illegible](差) 王孫誥鐘 xs421 余不畏不[illegible](差)
蔡侯紐鐘 00218.1 余非敢寧忘(荒) 蔡侯鎛 00221.1 余唯末少子	蔡侯鎛 00221.1 余非敢寧忘(荒) 蔡侯鎛 00222.1 余唯末少子	蔡侯鎛 00222.1 余非敢寧忘(荒)	𪒠鐘 xs485b 余不忒在天之下 𪒠鐘 xs485b 余臣兒難得	𪒠鎛 xs489a 余吕王之孫 𪒠鎛 xs489b 余不忒在天之下	𪒠鎛 xs489b 余臣兒難得 𪒠鎛 xs490a 余吕王之孫
蔡			楚		

王孫誥鐘 xs422 余不畏不⿱夾夂(差)	王孫誥鐘 xs425 余不畏不⿱夾夂(差)	王孫誥鐘 xs427 余不畏不⿱夾夂(差)	王孫誥鐘 xs429 余不畏不⿱夾夂(差)	王孫誥鐘 xs433 余不畏不⿱𦍌夂(差)	王孫誥鐘 xs435 余不畏不⿱𦍌夂(差)
王孫誥鐘 xs423 余不畏不⿱夾夂(差)	王孫誥鐘 xs426 余不畏不⿱夾夂(差)	王孫誥鐘 xs428 余不畏不⿱夾夂(差)	王孫誥鐘 xs430 余不畏不⿱夾夂(差)	王孫誥鐘 xs434 余不畏不⿱夾夂(差)	王孫誥鐘 xs440 余不畏不⿱夾夂(差)
𪒠鎛 xs490b 余臣兒難得	𪒠鎛 xs491a 余不忒在天之下	𪒠鎛 xs491b 余呂王之孫	𪒠鎛 xs493b 余臣兒難得	𪒠鎛 xs495a 余呂王之孫	𪒠鎛 xs495b 余不忒在天之下
𪒠鎛 xs490b 余不忒在天之下	𪒠鎛 xs491a 余臣兒難得	𪒠鎛 xs493a 余呂王之孫	𪒠鎛 xs493b 余不忒在天之下	𪒠鎛 xs495a 余臣兒難得	𪒠鐘 xs498 余臣兒難得
楚					

 王孫遺者鐘 00261.1 余温龏舒遲  王孫遺者鐘 00261.2 余恁訇(台)心	 王孫遺者鐘 00261.2 誕永余德(值)  王孫遺者鐘 00261.2 余尃(溥)徇于國	 發孫虜鼎g xs1205 擇余吉金  發孫虜鼎q xs1205 擇余吉金	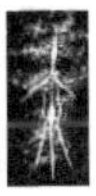 王子午鼎 02811.2 余不畏不差  王子午鼎q xs444 余不畏不差	 王子午鼎 xs445 余不畏不差 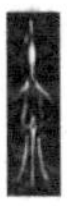 王子午鼎 xs446 余不畏不差	 王子午鼎q xs447 余不畏不差 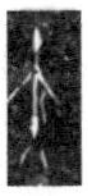 王子午鼎 xs449 余不畏不差
 欒書缶 10008.2 余畜孫書也					

楚

			郐大子鼎 02652 余(徐)太子伯辰		
季子康鎛 mt15787a 余茂厥于之孫 季子康鎛 mt15788a 余茂厥于之孫	季子康鎛 mt15789a 余茂厥于之孫 季子康鎛 mt15790a 余茂厥于之孫	季子康鎛 mt15791a 余茂厥于之孫	郐子氽鼎 02390 余(徐)子氽	余子白[illegible]此戈 mx1248 余(徐)子白[illegible]此	
九里墩鼓座 00429.1 余受此于之玄孫 九里墩鼓座 00429.4 余以畣(答)同姓九礼			郐王義楚觶 06513 擇余吉金 余贎逐兒鐘 00183.1 余迖斯于之孫	余贎逐兒鐘 00183.2 余贎逐兒 余贎逐兒鐘 00184.1 余贎逐兒	余贎逐兒鐘 00185.1 余義楚之良臣 余贎逐兒鐘 00185.2 余兹佫之元子
鍾離			徐		

 余購逐兒鐘 00185.2 余迖斯于之孫  郐諧尹征城 00425.2 士余是尚	 郐䣄尹訾鼎 02766.1 余敢敬盟祀  郐䣄尹訾鼎 02766.2 余敢敬盟祀	 三兒簋 04245 余吕以□之孫  三兒簋 04245 毋乞余□	 三兒簋 04245 余□□□□□  之乘辰鐘 xs1409 余徐王旨後之孫	 遷邟鐘 mt15520 余鏞鏐是擇  遷邟鐘 mt15521 余鏞鏐是擇	 遷邟鎛 mt15796 余鏞鏐是擇  遷邟鎛 mt15794 余鏞鏐是擇
徐				舒	

遷邟鐘 mx1027 舍(舒)王之孫 夫欧申鼎 xs1250 余以盥以鬻	姑發腎反劍 11718 莫敢禦余 工盧王姑發者坂劍　ms1617 莫敢禦余	吴王壽夢之子劍　xs1407 余親逆攻之 吴王餘眜劍 mx1352 余壽夢之子	吴王餘眜劍 mx1352 余叡戗邻之嗣弟 吴王光鐘 00223.1 畬(余)嚴天之命	攻敔王光劍 11666 逌余允至 配兒鉤鑃 00427.1 吴[王]□□余□犬子配兒	配兒鉤鑃 00427.1 余孰[戕]于戎功且武 配兒鉤鑃 00427.1 余畢□□忌
舒	吴				

 配兒鉤鑃 00427.2 余以宴賓客  冉鉦鋮 00428 余以征訇徒	 冉鉦鋮 00428 余處此南疆  冉鉦鋮 00428 余以行訇師	  冉鉦鋮 00428 余以伐郐 冉鉦鋮 00428 余以伐郘	 冉鉦鋮 00428 余冉鑄此鉦鋮	 叡巢鎛 xs1277 余攻王之玄孫  叡巢鎛 xs1277 余詓子	 羅兒匜 xs1266 余吴王之甥
吴					羅

					 文公之母弟鐘 xs1479 余文公母弟  文公之母弟鐘 xs1479 余鼏静
 能原鎛 00155.1 □余□郯□者  能原鎛 00155.1 唯余□夷	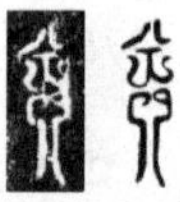 能原鎛 00156.1 自余 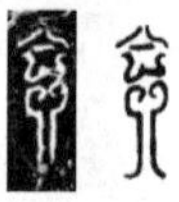 能原鎛 00156.2 連余大郑	 能原鎛 00156.2 自余□□作  越王者旨於睗鐘　00144 順余子孫	 奇字鐘 mt15176 适□唯余聿□大土□□  忾不余席鎮 mx1385 越王之子忾不余	 者尚余卑盤 10165 者尚余卑□	
越					

番

		 番□伯者君盤 10139 番祀伯 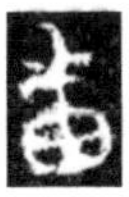 番□伯者君盤 10140 番祀伯	 番□伯者君匜 10268 番祀伯  番□伯者君匜 10269 番祀伯	 番君酟伯鬲 00732 番君  番君酟伯鬲 00733 番君	 番君酟伯鬲 00734 番君  番祀伯者君鼎 02617 番祀伯
  文公之母弟鐘 xs1479 余不敢困䀭 文公之母弟鐘 xs1479 余龏好朋友	 益余敦 xs1627 卲翏公之孫盄余及陳叔嫣	 番子鼎 ww2012.4 番子 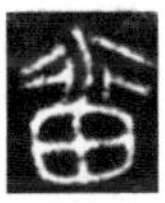 番君召簠 04582 番君	 番君召簠 04583 番君  番君召簠 04584 番君	 番君召簠 04585 番君  番君召簠 04586 番君	 番君召簠 04587 番君  番君召簠 ms0567 番君
	 嘉賓鐘 00051 余武于戎攻(工)	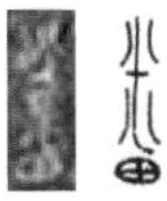 番仲戈 11261 番中(仲)			
		番			

				審	牛
 番昶伯者君鼎 02618 番昶伯  番君伯歡盤 10136 番君	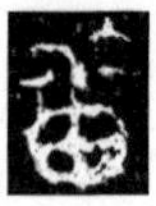 番伯酓匜 10259 番伯  番伯□孫鬲 00630 番伯	 番君匜 10271 番君  番叔壺 xs297 番叔□			
			 上鄀公簠g xs401 叔嬶(芈)番改  上鄀公簠q xs401 叔嬶(芈)番改	 楚王酓審盂 xs1809 楚王	 牛鐮 11824 牛
番			CE	楚	

牡		牼		犀	羍
				 都公簠蓋 04569 犀仲	
 子犯鐘 xs1011 輅車四駐(牡)  子犯鐘 xs1023 輅車四駐(牡)	 庚壺 09733.2B 滕相乘駐(牡)  庚壺 09733.2B 其王乘駐(牡)				 鄦膚簠 mx0500 爲羍兒鑄媵盬
		 鼄公牼鐘 00150 邾公牼  鼄公牼鐘 00151 邾公牼	 鼄公牼鐘 00152 邾公牼		
晉	齊	邾		CE	CE

		愓		告	
				衛公孫吕戈 11200 衛公孫吕之告(造)戈	
者𨘋鐘 00193 [不帛]不𦍋 者𨘋鐘 00196 不帛(白)不𦍋	者𨘋鐘 00197.1 不帛(白)不𦍋 者𨘋鐘 00198.1 不帛(白)不𦍋				
		唐子仲瀕兒匜 xs1209 愓(唐)子仲瀕兒 唐子仲瀕鈚 xs1210 愓(唐)子仲瀕	唐子仲瀕兒盤 xs1211 愓(唐)子仲瀕兒 愓子斨戈 mt16766 愓(唐)子斨		許公戈 eb1144 許公之告(造)徒戈
吳		唐		衛	許

名

 司馬望戈 11131 司馬望之告(造)戈  高密戈 11023 高密告(造)戈		 告鼎 01219 告	 盄和鐘 00270.2 厥名曰[illegible]邦		
	 工吴王𧻚䣄劍 mt17948 不可告仁			 少虡劍 11696.2 朕余名之  少虡劍 11697A2 朕余名之	 少虡劍 xs985 朕余名之
D	吴		秦	晉	

吾

 鼄公華鐘 00245 愼爲之名(銘)	 王孫名戟 mt16848 王孫名	 攻吴王光韓劍 xs1807 攻吾(吾)王 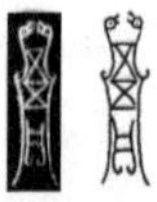 攻吴王光劍 xs1478 攻吾(吴)王	 吴王光帶鈎 mx1387 工吾(吾)王  吴王光帶鈎 mx1388 工吾(吾)王	 吴王光帶鈎 mx1389 工吾(吾)王  吴王光帶鈎 mx1390 工吾(吾)王	 攻吾王光劍 wy030 工吾王  攻吾王光劍 wy030 工吾王
邾	楚	吴			

君

	晋姜鼎 02826 嗣朕先姑君晋邦 晋姜鼎 02826 君子	叔休盨 mt05617 [illegible]者(都)君 叔休盨 mt05618 [illegible]者(都)君	叔休盨 mt05619 [illegible]者(都)君 叔休盤 mt14482 [illegible]者(都)君	叔休盉 mt14778 [illegible]者(都)君 叔休鼎 ms0260 [illegible]者(都)君	叔休壺 ms1059 [illegible]者(都)君 叔休壺 ms1060 [illegible]者(都)君
	晋公盤 mx0952 君百乚作邦				
攻吾王光劍 wy030 攻吾王 攻吾王光劍 wy031 攻吾王	郘黛鐘 00226 頡罟(詘)事君 郘黛鐘 00228 頡罟(詘)事君	郘黛鐘 00229 頡罟(詘)事君 郘黛鐘 00230 頡罟(詘)事君	郘黛鐘 00231 頡罟(詘)事君 郘黛鐘 00233 頡罟(詘)事君	郘黛鐘 00234 頡罟(詘)事君 郘黛鐘 00235 頡罟(詘)事君	智君子鑑 10288 智君子 智君子鑑 10289 智君子
吴	晋				

晉	衛		鄭	許	陳
	 衛夫人鬲 00595 衛文君  衛夫人鬲 xs1700 衛文君	 衛夫人鬲 xs1701 衛文君			
 君子之壺 xs992 君子  君子弄鼎 02086 君子			 哀成叔鼎 02782 君既安叀(惠)	 喬君鉦鋮 00423 喬君	 陳樂君甗 xs1073 陳樂君

				 僉父瓶q mt14036 霝父君僉父  僉父瓶g mt14036 霝父君僉父	 邾君慶壺g mt12333 邾君  邾君慶壺q mt12333 邾君
		 邾公鈓鐘 00102 揚君靈  邾公鈓鐘 00102 君以萬年	 鼄君鐘 00050 邾君  虖䣓丘君盤 wm6.200 虖䣓丘君		
 宋君夫人鼎q eb304 宋君  宋君夫人鼎g eb304 宋君	 宋君夫人鼎蓋 02358 宋君				
宋		邾		郳	

 郳君慶壺g ms1056 郳君  郳君慶壺q ms1056 郳君	  圙君婦媿霝壺 mt12353 圙(昆)君 圙君鼎 02502 圙(昆)君	  圙君婦媿霝鎣 09434 圙(昆)君 圙君婦媿霝壺 ms1055 圙(昆)君			
			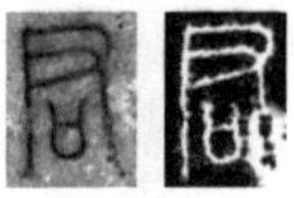 䢅子鼎 mt02404A 其壽君毋死  叔夷鐘 00273.2 朕辟皇君	 叔夷鐘 00275.1 君公  叔夷鐘 00282 君公	 叔夷鎛 00285.3 朕辟皇君  叔夷鎛 00285.5 君公
郳			齊		

		 番□伯者君盤 10139 番昶伯者君  番□伯者君盤 10140 番昶伯者君	 番□伯者君匜 10268 番昶伯者君  番□伯者君匜 10269 番昶伯者尹(君)	 番君酢伯鬲 00732 番君  番君酢伯鬲 00733 番君	 番君酢伯鬲 00734 番君  番君伯歡盤 10136 番君
	 此余王鼎 mx0220 □□君	 番君召簠 04582 番君  番君召簠 04583 番君	 番君召簠 04584 番君  番君召簠 04585 番君	 番君召簠 04586 番君  番君召簠 04587 番君	 番君召簠 ms0567 番君
 鄺侯少子簋 04152 皇妣剆君中妃	 右伯君權 10383 右伯君				
莒	D	番			

 番君匜 10271 番君	 叔單鼎 02657 黃孫子□君  □□單盤 10132 縘君單	 奚□單匜 10235 縘君單			
	  黃君孟鼎 02497 黃君 黃君孟鼎 xs90 黃君	  黃君孟豆 04686 黃君 黃君孟壺 09636 黃君	  黃君孟壺 xs91 黃君 黃君孟戈 11199 黃君	  黃君孟鑘 09963 黃君 黃君孟鑘 xs92 黃君	  黃君孟盤 10104 黃君 黃君孟匜 10230 黃君
番	黃				

				 樊君簠 04487 樊君  樊君鬲 00626 樊君	
  黄君孟壺 ms1054 黄君孟 黄君孟豆 ms0606 黄君孟	 黄君孟鑘 ms1176 黄君  伯遊父壺 mt12412 馬頸君	 伯遊父壺 mt12413 馬頸君  伯遊父鑘 mt14009 馬頸君	 伯遊父盤 mt14510 馬頸君	 樊君匜 10256.1 樊君  樊君匜 10256.2 樊君	 樊君盆 10329.1 樊君  樊君盆 10329.2 樊君
黄				樊	

曾	蔡	CE	楚		
		邛君婦龢壺 09639 邛君婦 [illegible]君[illegible]鼎 mx0198 [illegible]君			
		[illegible]君季黖鑑 mx0535 [illegible]君季黖(總)	敬事天王鐘 00074 以樂君子 敬事天王鐘 00077 以樂君子	敬事天王鐘 00078.2 以樂君子 敬事天王鐘 00081.1 以樂君子	
曾侯與鐘 mx1029 君此淮夷 [illegible]盤 mx0948 余[illegible]君之元女	雌盤 ms1210 蔡莊君	君臣戈 mx1132 君臣之用戈	𪙐鐘 xs482b 君子 𪙐鐘 xs483b 君子	𪙐鎛 xs489a 君子 𪙐鎛 xs490a 君子	𪙐鎛 xs491b 君子 𪙐鎛 xs492b 君子

 黝鎛 xs494a 君子  君鼎 mt00292 君	君鼎 mt00293 君  君鼎 mt00294 君	 君鼎 mt00295 君  君簋 mt03592 君	 君簋 mt03593 君  君簋 mt03594 君	 君簋 mt03595 君 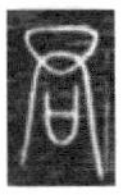 君鼎 mx0025 君	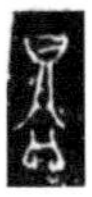 南君旛鄒戈 xs1180 南君旛鄒  南君旛鄒戈 mt17052 南君旛鄒
楚					

 童麗君柏匿q mx0494 鍾離君  童麗君柏匿g mx0494 鍾離君	 童麗君柏匿q mx0495 鍾離君  童麗君柏匿g mx0495 鍾離君	 童麗君柏鐘 mx1016 鍾離君  童麗君柏鐘 mx1017 鍾離君	 童麗君柏鐘 mx1018 鍾離君  童麗君柏鐘 mx1019 鍾離君	 童麗君柏鐘 mx1020 鍾離君  童麗君柏鐘 mx1021 鍾離君	 童麗君柏鐘 mx1022 鍾離君  童麗君柏鐘 mx1023 鍾離君

鍾離

			 子叔嬴内君盆 10331 子叔嬴内君	 考征君季鼎 02519 考征君	
 童麗君柏鐘 mx1024 鍾離君	 次□缶 xs1249 徐頃君	 卑梁君光鼎 02283 卑梁君	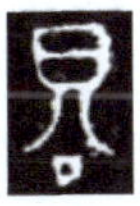 仲義君鼎 02279 仲義君	 㕸君壺 09680 匹君	
	 郤令尹者旨𣪘爐 10391 瘊君	  吴王壽夢之子劍 xs1407 支七邦君	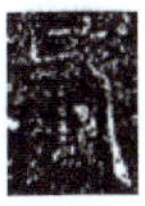 何𠬝君鼎 02477 何𠬝君  要君盂 10319 婁君	 君子𦐂戟 11088 君子  壬午吉日戈 xs1979 □君	 □君戈 11157 □君□  君用戈 xs1877 □君
鍾離	徐	吴			

命

 秦公鐘 00262 天命  秦公鐘 00263 大命	 秦公鐘 00264 天命  秦公鎛 00267.1 天命	 秦公鎛 00267.2 大命  秦公鎛 00268.1 天命	 秦公鎛 00268.2 大命  秦公鎛 00269.1 天命	 秦公鎛 00269.2 大命  秦子簋蓋 eb423 受命屯魯	
 秦公簋 04315.1 天命  秦公簋 04315.1 天命	 盄和鐘 00270.1 天命  盄和鐘 00270.1 天命				 晋公盆 10342 大命  晋公盤 mx0952 大命
秦					晋

 晋公盤 mx0952 王命唐公  晋公盤 mx0952 天命					
	 封子楚簠g mx0517 受命于天	鄦公買簠 04617.1 永命無疆 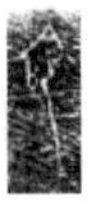 鄦公買簠 04617.2 永命無疆	 鄦公買簠g eb475 永命無疆  鄦公買簠q eb475 永命無疆	 邾公孫班鎛 00140 靈命	 郳公鞁父鎛 mt15816 大命  郳公鞁父鎛 mt15818 大命
晋	鄭	許		邾	郳

	 齊太宰歸父盤 10151 靈命  齊侯鎛 00271 用祈侯氏永命	 齊侯鎛 00271 用求考命	 叔夷鐘 00272.2 余命汝政于朕三軍  叔夷鐘 00273.1 汝敬恭辪命	 叔夷鐘 00273.2 余命汝司治萊  叔夷鐘 00274.1 余用登純厚乃命	 叔夷鐘 00274.1 朕辟皇君之賜休命  叔夷鐘 00274.2 余命汝緘佐正卿
 司馬楙鎛 eb47 天命 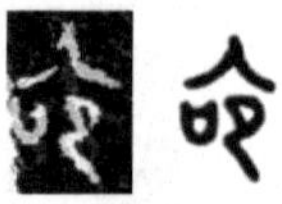 司馬楙鎛 eb48 哀命鰥寡	 洹子孟姜壺 09729 齊侯命太子乘遽來句宗伯  洹子孟姜壺 09729 聽命于天子	 洹子孟姜壺 09729 齊侯拜嘉命  洹子孟姜壺 09729 大嗣(司)命	 洹子孟姜壺 09730 齊侯命太子乘遽來句宗伯  洹子孟姜壺 09730 聽命于天子	 洹子孟姜壺 09730 齊侯拜嘉命  洹子孟姜壺 09730 大嗣(司)命	 洹子孟姜壺 09729 用乞嘉命
滕	齊				

 叔夷鐘 00274.2 總命于外内之事	 叔夷鐘 00276.1 天命	 叔夷鎛 00285.1 余命汝政于朕三軍	 叔夷鎛 00285.3 余命汝司治萊	 叔夷鎛 00285.4 余用登純厚乃命	 叔夷鎛 00285.4 總命于外内之事
 叔夷鐘 00275.2 余弗敢廢乃命	 叔夷鐘 00277.1 靈命	 叔夷鎛 00285.2 汝敬恭辥命	 叔夷鎛 00285.3 朕辟皇君之賜休命	 叔夷鎛 00285.4 余命汝緘佐正卿	 叔夷鎛 00285.5 余弗敢廢乃命

齊

<table>
<tr><td></td><td></td><td>曾伯克父簋
ms0509
永命</td><td></td><td></td><td></td></tr>
<tr><td>叔夷鎛
00285.6
天命

叔夷鎛
00285.7
靈命</td><td>姬寏母豆
04693
永命</td><td>曾公畎鎛鐘
jk2020.1
乎厥命

曾公畎鎛鐘
jk2020.1
豫命于曾</td><td>曾公畎鎛鐘
jk2020.1
永命

曾公畎甬鐘A
jk2020.1
乎厥命</td><td>曾公畎甬鐘A
jk2020.1
豫命于曾

曾公畎甬鐘A
jk2020.1
永命</td><td>曾公畎甬鐘A
jk2020.1
豫命于曾

曾公畎甬鐘B
jk2020.1
乎命尹厥命</td></tr>
<tr><td></td><td></td><td>曾侯與鐘
mx1029
達殷之命

曾侯與鐘
mx1029
王逝命南公</td><td>曾侯與鐘
mx1029
天命將誤(虞)

曾侯與鐘
mx1029
楚命是爭(請)</td><td>曾侯與鐘
mx1029
大命

曾侯與鐘
mx1032
畏天之命</td><td>曾侯鐘
mx1025
□□□論(命)</td></tr>
<tr><td colspan="2">齊</td><td colspan="4">曾</td></tr>
</table>

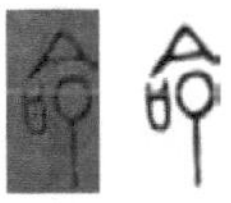 曾公𤰈甬鐘B jk2020.1 乎命尹厥命 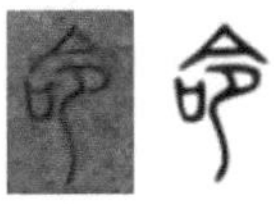 曾公𤰈甬鐘B jk2020.1 豫命丁曾	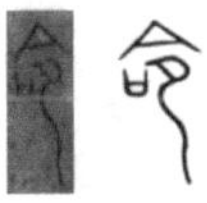 曾公𤰈甬鐘B jk2020.1 永命	 孎加編鐘 kg2020.7 伯括受命  孎加編鐘 kg2020.7 大命		 敬事天王鐘 00073 自作永(詠)命(鈴)  敬事天王鐘 00075 自作永(詠)命(鈴)	 敬事天王鐘 00076 自作永(詠)命(鈴)  敬事天王鐘 00078.1 自作永(詠)命(鈴)
			 蔡侯𩕲尊 06010 大命 蔡侯𩕲盤 10171 大命	 秦王鐘 00037 王俾命競平王之定  競之定鬲 mt03015 王命競之定救秦戎	 競之定鬲 mt03016 王命競之定救秦戎  競之定鬲 mt03017 王命競之定救秦戎
曾			蔡	楚	

 敬事天王鐘 00080.1 自作永(詠)命(鈴)  倗戟 xs469 新命楚王□	 倗戟 xs469 天命  王子午鼎 02811.2 命(令)尹子庚	 王子午鼎q xs444 命(令)尹子庚  王子午鼎 xs445 命(令)尹子庚	 王子午鼎 xs446 命(令)尹子庚  王子午鼎q xs447 命(令)尹子庚	 王子午鼎 xs448 命(令)尹[子庚]  王子午鼎 xs449 命(令)尹子庚	
 競之定鬲 mt03018 王命競之定救秦戎  競之定鬲 mt03019 王命競之定救秦戎	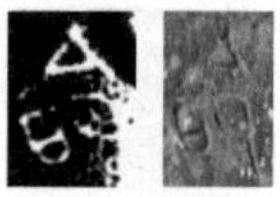 競之定鬲 mt03020 王命競之戎〈定〉  競之定鬲 mt03021 王命競之戎〈定〉	 競之定鬲 mt03022 王命競之戎〈定〉  競之定簋 mt04978 王命競之定救秦戎	 競之定簋 mt04979 王命競之定救秦戎  競之定豆 mt06150 王命競之定救秦戎	 競之定豆 mt06151 王命競之定救秦戎	 吴王餘眜劍 mx1352 命初伐麻  吴王餘眜劍 mx1352 命禦荆
楚					吴

召

					召叔山父簠 04601 召叔山父 召叔山父簠 04602 召叔山父
吴王餘眜劍 mx1352 命禦郯 吴王餘眜劍 mx1352 命戈〈我〉爲王	吴王光鐘 0223.1 天之命 吴王光鐘 00224.1 天命	吴王光鐘 00224.8 虔敬命勿忘 吴王光鐘 00224.28 [天]之命	吴王壽夢之子劍 xs1407 初命伐麻	自用命劍 11610 自用命	
吴					鄭

唯

			 伯氏始氏鼎 02643 唯鄧八月	 番君匜 10271 唯番君肇用士<吉>金	 叔單鼎 02657 唯黄孫子□君
 曾公畯鎛鐘 jk2020.1 召事一帝 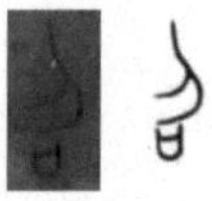 曾公畯甬鐘A jk2020.1 召事一帝	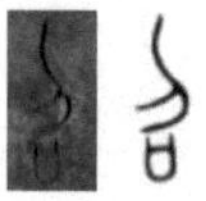 曾公畯甬鐘B jk2020.1 召事一帝	 叔左鼎 mt02334 唯王五月  叔左鼎 mt02334 唯己考仲之子			
曾		BC	鄧	番	黄

<table>
<tr>
<td> 樊伯千鼎
mx0200
唯樊伯千鑄鼎</td>
<td> 曾伯文簋
04051.1
唯曾伯文自作寶段

曾伯文簋
04051.2
唯曾伯文自作寶段</td>
<td> 曾伯文簋
04052.1
唯曾伯文自作寶段

曾伯文簋
04052.2
唯曾伯文自作寶段</td>
<td> 曾伯文簋
04053
唯曾伯文自作寶段

曾伯文簋
t05237
唯曾伯文自作寶段</td>
<td> 曾伯文鑐
09961
唯曾伯文 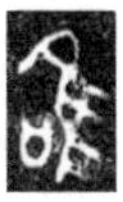

曾仲大父蝨段
04203
唯五月</td>
<td> 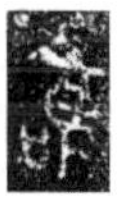曾仲大父蝨段
04204.2
唯五月 

曾伯宫父穆鬲
00699
唯曾伯宫父穆</td>
</tr>
<tr><td></td><td></td><td></td><td></td><td></td><td></td></tr>
<tr><td></td><td></td><td></td><td></td><td></td><td></td></tr>
<tr><td>樊</td><td colspan="5">曾</td></tr>
</table>

<table>
<tr>
<td> 曾伯克父簋
ms0509
唯曾伯克父 

曾伯克父甗
ms0361
唯曾伯克父</td>
<td> 曾伯克父壺g
ms1062
唯曾伯克父… 

曾伯克父壺q
ms1062
唯曾伯克父…</td>
<td> 曾伯克父壺
ms1063
唯曾伯克父… 

炌右盤
10150
唯炌右…</td>
<td></td>
<td></td>
<td></td>
</tr>
<tr>
<td></td>
<td></td>
<td></td>
<td></td>
<td></td>
<td></td>
</tr>
<tr>
<td></td>
<td></td>
<td></td>
<td> 蔡侯紐鐘
00210.1
余唯末少子 

蔡侯紐鐘
00211.1
余唯末少子</td>
<td> 蔡侯紐鐘
00218.1
余唯末少子 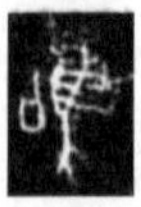

蔡侯鎛
00221.1
余唯末少子</td>
<td> 蔡侯鎛
00222.1
余唯末少子</td>
</tr>
<tr>
<td colspan="3">曾</td>
<td colspan="3">蔡</td>
</tr>
</table>

袒伯業鼎 02622 唯袒伯業自作寶⿰石鼎盜					
	楚王鼎g mt02318 唯王正月 楚王鼎q mt02318 唯王止月	楚王鼎 mx0210 唯王正月 倗戟 xs469 ⿰虘攴□唯□□			
			遷沁鐘 mt15520 唯王正月 遷沁鐘 mt15520 允唯吉金	遷沁鐘 mt15521 唯王正月 遷沁鐘 mt15521 允唯吉金	遷沁鎛 mt15794 唯王正月 遷沁鎛 mt15794 允唯吉金
CE	楚		舒		

					伯其父簠 04581 唯伯其父慶作旅簠
					深伯鼎 02621 唯深伯□□林
遷邟鎛 mt15796 唯王正月 遷邟鎛 mt15796 允唯吉金	遷邟鐘 mx1027 唯王正月 遷邟鐘 mx1027 允唯吉金	夫欧申鼎 xs1250 唯正月	叡巢鎛 xs1277 唯王正月	奇字鐘 mt15176 适□唯余聿□	公父宅匜 10278 唯王正月
舒			吴	越	

和

郳公鞁父鎛 mt15815 正和朕身 郳公鞁父鎛 mt15815 和鐘	郳公鞁父鎛 mt15816 正和朕身	郳公鞁父鎛 mt15817 正和朕身 郳公鞁父鎛 mt15817 和鐘	郳公鞁父鎛 mt15818 正和朕身 郳公鞁父鎛 mt15818 和鐘	⿰亻阝夫人孋鼎 mt02425 以和御湯	吴王光鐘 00224.11 [柬柬]和鐘 吴王光鐘 00224.29 [柬柬]和鐘
郳				楚	吴

哉　　　　　　　　　　台

					晉公盤 mx0952 台(以)乂朕身 晉公盤 mx0952 台(以)嚴虩若否
鄭莊公之孫盧鼎　mt02409 嗚呼哀哉 鄭莊公之孫缶 xs1238 嗚呼哀哉	鼄公華鐘 00245 哉(載)公眉壽	郳大司馬彊匜 ms1260 辰哉(在)庚午 郳大司馬彊盤 ms1216 辰哉(在)庚午	競孫旟也鬲 mt03036 龠哉不服	余贎逐兒鐘 00185.1 烏呼敬哉	趙孟庎壺 09678 台(以)爲祠器 趙孟庎壺 09679 台(以)爲祠器
鄭	邾	郳	楚	徐	晉

<table>
<tr><td></td><td></td><td></td><td></td><td></td><td></td></tr>
<tr><td></td><td></td><td></td><td></td><td></td><td></td></tr>
<tr><td> 翏金戈
11262
台(以)鑄良兵</td><td> 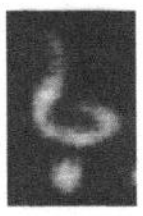衛侯之孫書鐘
ms1279
台(以)享以孝</td><td>  杕氏壺
09715
台(以)爲弄壺</td><td> 哀成叔鼎
02782
台(以)事康公</td><td> 鼄公牼鐘
00149
台(以)[樂]其身 

鼄公牼鐘
00150
台(以)樂其身</td><td> 鼄公牼鐘
00150
台(以)宴大夫 

鼄公牼鐘
00150
台(以)喜諸士</td></tr>
<tr><td>晉</td><td>衛</td><td>燕</td><td>鄭</td><td colspan="2">郳</td></tr>
</table>

鼄公牼鐘 00151 台(以)樂其身 鼄公牼鐘 00151 台(以)宴大夫	鼄公牼鐘 00152 台(以)宴大夫 鼄公牼鐘 00152 台(以)喜諸士	鼄公華鐘 00245 台(以)樂大夫 鼄公華鐘 00245 台(以)祚其皇祖皇考	鼄公華鐘 00245 台(以)恤其祭祀盟祀 鼄公華鐘 00245 台(以)宴士庶子	郳公鞁父鎛 mt15815 台(以)供朝于王所 郳公鞁父鎛 mt15816 台(以)共(供)朝于王所	郳公鞁父鎛 mt15817 台(以)供朝于王所 郳公鞁父鎛 mt15818 台(以)供朝于王所
邾				郳	

齊太宰歸父盤 10151 台(以)祈眉壽 齊侯鎛 00271 余四事是台(以)	庚壺 09733.1 台(以)鑄其盥壺 庚壺 09733.1B 賞之台(以)邑	庚壺 09733.1B 台(以)殛伐㒞□丘 庚壺 09733.2B 賞之台(以)兵甲車馬	庚壺 09733.2B 與台(以)□㒞師 庚壺 09733.2B 余台(以)賜汝□	叔夷鐘 00274.2 汝台(以)尃戒公家 叔夷鐘 00275.1 汝台(以)恤余朕身	叔夷鐘 00275.1 汝台(以)戒戎祚 叔夷鎛 00285.4 汝台(以)尃戒公家

齊

 叔夷鎛 00285.5 汝台(以)恤余朕身  叔夷鎛 00285.5 汝台(以)戒戎祚			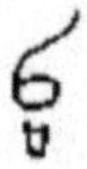 曾公𤳳鎛鐘 jk2020.1 台(以)祈永命  曾公𤳳鎛鐘 jk2020.1 台(以)享于其皇祖	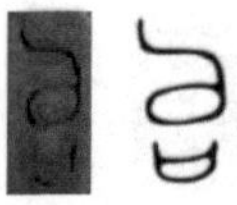 曾公𤳳甬鐘A jk2020.1 台(以)祈永命  曾公𤳳甬鐘A jk2020.1 台(以)享于其皇祖	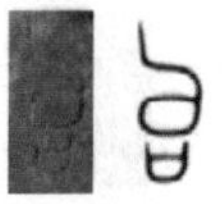 曾公𤳳甬鐘B jk2020.1 台(以)享于其皇祖  曾公𤳳甬鐘B jk2020.1 台(以)祈永命
	 簷太史申鼎 02732 用征台(以)迮  簷太史申鼎 02732 台(以)御賓客	 鄶平壺 xs1088 用征台(以)□	 曾侯與鐘 mx1032 吾台(以)祈眉壽  曾侯鐘 mx1025 台(以)憂此鰥寡		
齊	莒		曾		

曾	蔡	CE	楚	鍾離	
 嬭加編鐘 kg2020.7 台(以)長辝夏  嬭加鎛乙 ms1283 台(以)樂好賓嘉客		 侯孫老簠 g ms0586 台（以）作孟姬義家媵盬	 王孫遺者鐘 00261.1 用享台(以)孝  王孫遺者鐘 00261.2 用宴台(以)喜	 季子康鎛 mt15788b 台(以)從我師行  季子康鎛 mt15788b 台(以)樂我父兄	季子康鎛 mt15789b 台(以)樂我父[兄]  季子康鎛 mt15790b 台(以)從我師行
	 蔡侯黷尊 06010 禋享是台(以)  蔡侯黷盤 10171 禋享是台(以)				

季子康鎛 mt15790b 台(以)樂我父兄 季子康鎛 mt15791b 台(以)從[我師行]	季子康鎛 mt15791b 台(以)樂我[父兄]				
		余贎逐兒鐘 00183.2 台(以)鑄龢鐘 余贎逐兒鐘 00183.2 台(以)追孝先祖	夫欧申鼎 xs1250 余台(以)盤以羹 夫欧申鼎 xs1250 余以盤台(以)羹	夫欧申鼎 xs1250 台(以)伐四方 夫欧申鼎 xs1250 台(以)從攻吴王	遷邟鐘 mt15520 台(以)享于我先祖 遷邟鐘 mt15520 我台(以)夏以南
鍾離		徐	舒		

 𨘋邟鐘 mt15520 我以夏台(以)南  𨘋邟鐘 mt15520 我台(以)樂我心	 𨘋邟鐘 mt15521 台(以)享于我先祖  𨘋邟鐘 mt15521 我台(以)夏以南	 𨘋邟鐘 mt15521 我以夏台(以)南 𨘋邟鐘 mt15521 我台(以)樂我心	 𨘋邟鎛 mt15794 台(以)享于我先祖  𨘋邟鎛 mt15794 我台(以)夏以南	 𨘋邟鎛 mt15794 我以夏台(以)南  𨘋邟鎛 mt15794 我台(以)樂我心	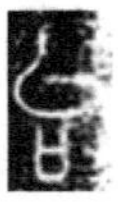 𨘋邟鎛 mt15796 台(以)享于我先祖  𨘋邟鎛 mt15796 我台(以)夏以南
舒					

遷邟鎛 mt15796 我以夏台(以)南 遷邟鎛 mt15796 我台(以)樂我心	遷邟鐘 mx1027 台(以)享于我先祖 遷邟鐘 mx1027 我台(以)夏以南	遷邟鐘 mx1027 我以夏台(以)南	工𢿭王劍 11665 其江之台 工吳王叡䱷工吳劍　mt17948 台(以)爲元用	工盧王姑發者坂劍　ms1617 台(以)北南西行 攻敔王光劍 11654 台(以)擋勇人	吴王光劍 mt17919 台(以)擋勇人 攻吴王光韓劍 xs1807 台(以)吉金
舒			吴		

吴王光鐘 00224.1 台(以)作寺叶 [龢鐘] 吴王光鐘 00224.6 台(以)作寺吁 龢鐘	吴王光鐘 00224.7 台(以)作寺叶 龢鐘 吴王光鐘 00224.24 台(以)[乍寺吁 龢鐘]	吴王光鑑 10298 台(以)作…薦 鑑 吴王光鑑 10299 台(以)作…薦 鑑	攻吴王光韓劍 xs1807 台(以)吉金 配兒鉤鑃 00427.2 余台(以)宴賓 客	配兒鉤鑃 00427.2 台(以)樂我諸 父	䱷巢鎛 xs1277 台(以)享以孝 䱷巢鎛 xs1277 以享台(以)孝

吴

					 台寺缶 xs1693 台寺
 其次句鑃 00421 台(以)享以孝  其次句鑃 00421 以享台(以)孝	 其次句鑃 00422A 台(以)享以孝  其次句鑃 00422A 以享台(以)孝	 其次句鑃 00422B 以享台(以)孝  其次句鑃 00422B 以享台(以)孝	 越王者旨於賜鐘　00144 我台(以)樂考嫡祖大夫賓客  越王者旨於賜鐘　00144 日日台(以)鼓之	 越王丌北古劍 wy098 台(以)越王丌北	 其台鐘 00003 其台(以)□□  壬午吉日戈 xs1979 台(以)羕(永)
越					

嘑　　　　咸

鄭	徐	秦	秦	晉	齊
		秦公鐘 00262 咸畜左右 秦公鐘 00265 咸畜左右	秦公鎛 00268.1 咸畜左右 秦公鎛 00269.1 咸畜左右		
		秦公簋 04315.2 咸畜胤士	盄和鐘 00270.2 咸畜百辟胤士	晉公盆 10342 咸畜胤士 晉公盤 mx0952 咸畜胤士	叔夷鐘 00276.1 咸有九州 叔夷鎛 00285.6 咸有九州
鄭莊公之孫盧鼎 mt02409 烏嘑(呼)哀哉 盧鼎q xs1237 烏嘑(呼)哀哉	余購逯兒鐘 00185.1 烏嘑(呼)敬哉				

吉

		 芮公鼓架銅套 ms1725 初吉	 虢季鐘 xs1 初吉  虢季鐘 xs2 初吉	 虢季鐘 xs3 初吉  小子吉父方甗 xs30 小子吉父	 虢季氏子組盤 ms1214 初吉
 曾公䀸鎛鐘 jk2020.1 咸成我事 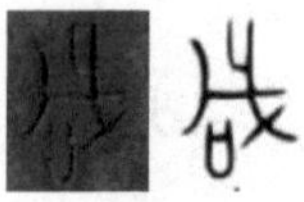 曾公䀸甬鐘A jk2020.1 咸成我事	 曾公䀸甬鐘A jk2020.1 咸成我事  曾公䀸甬鐘B jk2020.1 咸成我事				
曾		芮	虢		

 虞侯政壺 09696 初吉	 戎生鐘 xs1616 吉金  太師盤 xs1464 初吉	 晉公戈 xs1866 初吉  晉姜鼎 02826 吉金			
	 晉公盆 10342 初吉  晉公盤 mx0952 初吉	 子犯鐘 xs1008 初吉  子犯鐘 xs1020 初吉	 長子沫臣簠 04625.1 初吉  長子沫臣簠 04625.1 吉金	 長子沫臣簠 04625.2 初吉  長子沫臣簠 04625.2 吉金	
	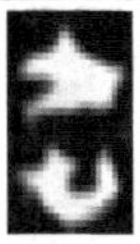 郘黛鐘 00225 初吉  郘黛鐘 00226 初吉	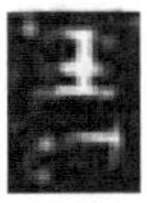 郘黛鐘 00227 初吉  郘黛鐘 00228 初吉	 郘黛鐘 00229 初吉  郘黛鐘 00230 初吉	 郘黛鐘 00231 初吉  郘黛鐘 00232 初吉	 郘黛鐘 00233 初吉  郘黛鐘 00234 初吉
虞	晉				

		 衛伯須鼎 xs1198 吉金	 鄭師□父鬲 00731 初吉		
			 鄭大内史叔上匜　10281 初吉		
 郘黛鐘 00237 初吉  吉日壬午劍 mt18021 吉日	 少虡劍 11696.1 吉日  少虡劍 11697A1 吉日	 衛侯之孫書鐘 ms1279 初吉	 與兵壺q eb878 初吉  與兵壺g eb878 初吉	 與兵壺q eb878 吉金  與兵壺g eb878 吉金	與兵壺 ms1068 初吉  與兵壺 ms1068 吉金
晉		衛	鄭		

					 許成孝鼎 mx0190 初吉  許成孝鼎 mx0190 吉金
					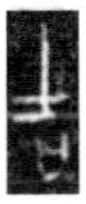 許公簋g mx0511 初吉
鄭莊公之孫盧鼎 mt02409 吉日  盧鼎q xs1237 吉日	 封子楚簠g mx0517 初吉  封子楚簠q mx0517 初吉	 封子楚簠g mx0517 吉金	 寬兒鼎 02722 初吉 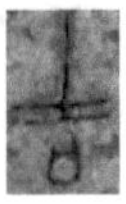 寬兒缶 mt14091 初吉	 寬兒鼎 02722 吉金 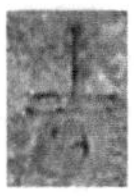 寬兒缶 mt14091 吉金	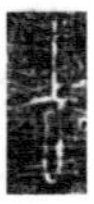 鄦公買簠 04617.2 初吉  鄦公買簠 04617.2 吉金
鄭			蘇		許

鄦公買簠g eb475 初吉  鄦公買簠g eb475 吉金	鄦公買簠q eb475 初吉  鄦公買簠q eb475 吉金	 鄦子妝簠 04616 初吉  鄦子妝簠 04616 吉金	 子璋鐘 00114 初吉  子璋鐘 00114 吉金	 子璋鐘 00115.1 初吉  子璋鐘 00115.1 吉金	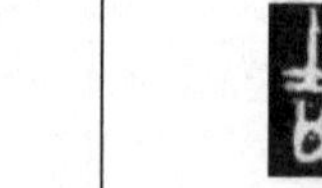 子璋鐘 00116.1 初吉  子璋鐘 00116.1 吉金
許					

				 𢦏叔朕鼎 02690 初吉  𢦏叔朕鼎 02691 初吉	 𢦏叔朕鼎 02692 初吉  叔朕簠 04620 初吉
 子璋鐘 00117.1 初吉  子璋鐘 00117.1 吉金	 子璋鐘 00118.1 初吉  子璋鐘 00118.2 吉金	 𨜏子盟自鎛 00153 初吉  𨜏子盟自鎛 00153 吉金	 𨜏子盟自鎛 00154 初吉  𨜏子盟自鎛 00154 吉金		
許				戴	

 叔朕簠 04620 吉金  叔朕簠 04621 初吉	 叔朕簠 04621 吉金  叔朕簠 04622 吉金	 陳侯鼎 02650 初吉  陳公子甗 00947 初吉	 原氏仲簠 xs395 初吉  原氏仲簠 xs396 初吉	 原氏仲簠 xs397 初吉	
		 陳医作孟姜𡢁簠　04606 初吉  陳医作孟姜𡢁簠　04607 初吉	 陳医作王仲媯𡢁簠　04603.1 初吉  陳医作王仲媯𡢁簠　04603.2 初吉	 陳医作王仲媯𡢁簠　04604.1 初吉  陳医作王仲媯𡢁簠　04604.2 初吉	 陳医盤 10157 初吉  陳侯匜 xs1833 初吉
戴		陳			

<table>
<tr><td></td><td></td><td>鼄叔之伯鐘
00087
初吉 

鼄叔之伯鐘
00087
吉金</td><td></td><td></td><td></td></tr>
<tr><td>敶子匜
10279
初吉 

有兒簋
mt05166
初吉</td><td></td><td>鼄君鐘
00050
吉金</td><td></td><td></td><td></td></tr>
<tr><td></td><td> 樂子簠
04618
初吉 

樂子簠
04618
吉金</td><td>鼄大宰簠
04623
初吉 

鼄大宰簠
04624
初吉</td><td>鼄公牼鐘
00151
初吉 

鼄公牼鐘
00151
吉金</td><td>鼄公牼鐘
00152
初吉 

邾公孫班鎛
00140
吉金</td><td>鼄公華鐘
00245
初吉 

鼄公華鐘
00245
吉金</td></tr>
<tr><td>陳</td><td>宋</td><td colspan="4">邾</td></tr>
</table>

鼄公牼鐘 00149 初吉 鼄公牼鐘 00149 吉金	鼄公牼鐘 00150 初吉 鼄公牼鐘 00150 吉金	郳公韍父鎛 mt15815 吉金 郳公韍父鎛 mt15816 吉金	郳公韍父鎛 mt15817 吉金 郳公韍父鎛 mt15818 吉金	郳大司馬彊盤 ms1216 初吉 郳大司馬彊匜 ms1260 初吉	郳大司馬彊盤 ms1216 吉金 郳大司馬彊匜 ms1260 吉金
邾		郳			

		 齊侯鎛 00271 初吉	 齊鞷氏鐘 00142.1 初吉  齊鞷氏鐘 00142.1 吉金	 庚壺 09733.1B 初吉  庚壺 09733.1B 吉金	 叔夷鐘 00276.2 吉金  叔夷鎛 00285.7 吉金
 郳大司馬鈚 ms1177 初吉  郳大司馬鈚 ms1177 吉金	 司馬楙鎛 eb50 吉休畯楙(茂)				
郳	滕	齊			

	 夆叔盤 10163 初吉  夆叔匜 10282 初吉	 上曾太子鼎 02750 吉金	 鄧公簋蓋 04055 初吉  鄧公孫無忌鼎 xs1231 初吉	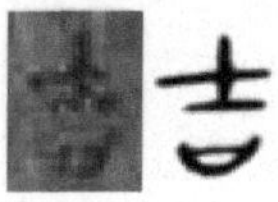 鄧公孫無忌鼎 xs1231 吉金  伯氏始氏鼎 02643 初吉	 鄧伯吉射盤 10121 鄧伯吉射  鄧公匜 10228 隹鄧桀生吉邑鄧公金
		 此余王鼎 mx0220 初吉  濫公宜脂鼎 mx0191 初吉日丁亥	 鄧子盤 xs1242 初吉		
 簷叔之仲子平鐘 00173 初吉  簷叔之仲子平鐘 00180 初吉		 拍敦 04644 吉日			
莒	逢	D	鄧		

<table>
<tr><td> 鄧子伯鼎甲
jk2022.3
初吉 

鄧子伯鼎乙
jk2022.3
初吉</td><td></td><td></td><td> 黃子季庚臣簠
ms0589
初吉 

黃子季庚臣簠
ms0589
吉金</td><td></td><td></td></tr>
<tr><td></td><td></td><td></td><td> 伯亞臣鐳
09974
衣<初>吉 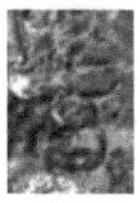

伯遊父卮
mt19239b
[初]吉</td><td> 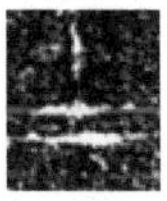黃太子白克盤
10162
初吉 

黃太子白克盆
10338
初吉</td><td> 伯遊父壺
mt12412
初吉 

伯遊父壺
mt12413
初吉</td></tr>
<tr><td></td><td> 唐子仲瀕兒匜
xs1209
吉金 

唐子仲瀕鈚
xs1210
初吉</td><td> 唐子仲瀕鈚
xs1210
吉金 

唐子仲瀕兒盤
xs1211
吉金</td><td> 黃韋俞父盤
10146
初吉</td><td></td><td></td></tr>
<tr><td>鄧</td><td colspan="2">唐</td><td colspan="3">黃</td></tr>
</table>

	 番□伯者君盤 10140 吉金			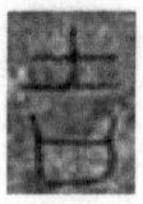 樊孫伯渚鼎 mx0197 吉金	
 伯遊父鐳 mt14009 初吉  伯遊父盤 mt14510 初吉	 番子鼎 ww2012.4 初吉  番子鼎 ww2012.4 吉金			 樊君盆 10329.1 吉金  樊君盆 10329.2 吉金	 樊夫人龍嬴壺 09637 吉金  樊夫人龍嬴鬲 00675 吉金
	 鄱子成周鐘 xs283 初吉  鄱子成周鐘 xs283 吉金	 鄱子成周鐘 mt15256 初吉  鄱子成周鐘 mt15256 吉金	 鄱子成周鐘 mt15257 初吉	 樊季氏孫仲𩰫鼎　02624.1 初吉  樊季氏孫仲𩰫鼎　02624.1 吉金	 樊季氏孫仲𩰫鼎　02624.2 初吉 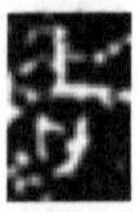 樊季氏孫仲𩰫鼎　02624.2 吉金
黄	番			樊	

	 伯克父鼎 ms0285 吉金  曾伯霥壺 ms1069 初吉	 曾伯霥簠 04631 初吉  曾伯霥簠 04631 吉金	 曾伯霥簠 04632 初吉  曾伯霥簠 04632 吉金	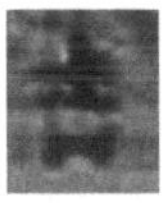 孟爾克母簠g ms0583 初吉  孟爾克母簠g ms0583 吉金	 孟爾克母簠q ms0583 吉金
 樊夫人龍嬴鬲 00676 吉金	 曾公畎鎛鐘 jk2020.1 吉日 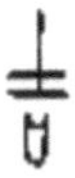 曾公畎鎛鐘 jk2020.1 吉金	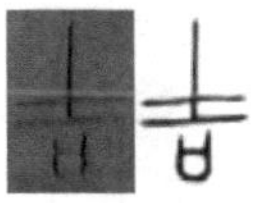 曾公畎甬鐘A jk2020.1 吉日 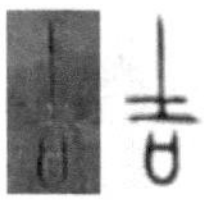 曾公畎甬鐘B jk2020.1 吉日	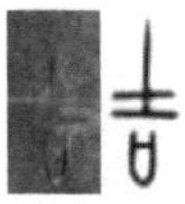 曾公畎甬鐘B jk2020.1 吉金	 嬭加編鐘 kg2020.7 初吉  嬭加鎛乙 ms1283 吉金	 曾侯寶鼎 ms0265 吉日  曾侯寶鼎 ms0265 吉金
	 曾子原彝簠 04573 初吉  曾子□簠 04588 初吉	 曾□□簠 04614 初吉  曾□□簠 04614 吉金	 嬫盤 mx0948 吉日  嬫盤 mx0948 吉金	 曾季关臣盤 eb933 初吉	 曾侯與鐘 mx1029 吉日  曾侯與鐘 mx1029 吉金
樊	曾				

 曾仲大父蝨𣪕 04203 廼用吉鋚	 曾仲大父蝨𣪕 04204.2 廼用吉鋚	 曾子伯窨盤 10156 吉金	 曾伯陭壺 09712.1 吉金	 曾仲斿父方壺 09628.1 吉金	 曾仲斿父方壺 09629.2 吉金
 曾仲大父蝨𣪕 04204.1 廼用吉鋚	 曾大保簠 04054 吉金	 曾子仲謱鼎 02620 吉金	 曾伯陭壺 09712.4 吉金	 曾仲斿父方壺 09629.1 吉金	 曾子單鬲 00625 吉金
 曾侯宼鼎 mt02219 吉日	曾侯宼鼎 mt02220 吉日	 曾侯宼鼎 mx0187 吉日	 曾侯宼簋 mt04975 吉日	 曾侯宼簋 mt04976 吉金	 曾侯宼壺 mt12390 吉日
 曾侯宼鼎 mt02219 吉金	 曾侯宼鼎 mt02220 吉金	 曾侯宼鼎 mx0187 吉金	 曾侯宼簋 mt04975 吉金		 曾侯宼壺 mt12390 吉金
曾侯與鐘 mx1030 吉金					
 曾侯殘鐘 mx1031 吉金					

曾

黃朱柢鬲 00610 吉金	 曾伯從寵鼎 02550 十月既吉	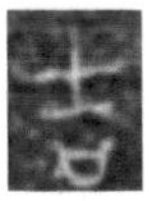 曾子伯皮鼎 mx0166 吉金	 曾伯宮父穆鬲 00699 吉金	 曾太保簠g ms0559 吉金	 曾大保盆 10336 吉金
 炌右盤 10150 吉金	 曾仲子敔鼎 02564 吉金	 曾太保嬬簋 mx0425 吉金	 曾子斿鼎 02757 吉金	 曾太保簠q ms0559 吉金	 矢叔匜 ms1257 初吉
 曾侯宏鼎 mx0185 吉日	 曾侯宏鼎 mx0186 吉日	 曾公子叔涹簠g mx0507 吉日	 曾子仲宣鼎 02737 吉金		
 曾侯宏鼎 mx0185 吉金	 曾侯宏鼎 mx0186 吉金	 曾公子叔涹簠g mx0507 吉金			

曾

曾侯子鎛 mt15763 初吉 曾侯子鎛 mt15763 吉金	曾侯子鎛 mt15764 初吉 曾侯子鎛 mt15764 吉金	曾侯子鎛 mt15765 初吉 曾侯子鎛 mt15765 吉金	曾侯子鎛 mt15766 初吉 曾侯子鎛 mt15766 吉金	蔡大善夫𧾦簠g xs1236 初吉 蔡大善夫𧾦簠q xs1236 初吉	蔡太史鋓 10356 初吉 蔡公子叔湯壺 xs1892 初吉
				鄦中姬丹盤 xs471 初吉 鄦中姬丹匜 xs472 初吉	蔡大司馬燮盤 eb936 初吉 蔡大司馬燮匜 mx0997 初吉
				蔡侯𪒠尊 06010 初吉 蔡侯𪒠盤 10171 初吉	蔡侯紐鐘 00210.1 初吉 蔡侯紐鐘 00211.1 初吉
曾				蔡	

				鄀公平侯鼎 02771 初吉 鄀公平侯鼎 02772 初吉	上鄀公敄人簋蓋 04183 初吉
				爇兒罍 xs1187 正月初冬吉	上鄀府簠 04613.1 初吉 上鄀府簠 04613.1 吉金
蔡侯紐鐘 00217.1 初吉 蔡侯紐鐘 00218.1 初吉	蔡侯鎛 00222.1 初吉 蔡侯簠 ms0582 初吉	蔡大師鼎 02738 初吉 蔡叔季之孫䢼匜 10284 初吉	蔡侯簠g xs1896 初吉 蔡侯簠q xs1896 初吉		
蔡				CE	

					伯戔盤 10160 初吉 伯戔盆g 10341 初吉
上鄀府簠 04613.2 初吉 上鄀府簠 04613.2 吉金	上鄀公簠g xs401 初吉 上鄀公簠g xs401 吉金				叔師父壺 09706 初吉 𩞁君季聰鑑 mx0535 初吉
		申文王之孫簠 mt05943 初吉 申文王之孫簠 mt05943 吉金	彭子壽簠 mx0497 吉金 申公壽簠 mx0498 吉金	彭子射盂鼎 mt02264 吉金	丁兒鼎蓋 xs1712 吉金 義子鼎 eb308 初吉
CE					

鄁公鼎 02714 吉金	鄁公簋 04017.1 吉金	𢊁季伯歸鼎 02644 吉金	鄂侯夫人鼎 jjmy004 初吉	彭子仲盆蓋 10340 初吉	
鄁公簋 04016 吉金	鄁公簋 04017.2 吉金	𢊁季伯歸鼎 02645 吉金	鄂侯鼎 ms0230 初吉	彭子仲盆蓋 10340 吉金	
鄝膚簠 mx0500 吉金	𦵧子𪭢盞g xs1235 吉金	邵子裁盤 xs1372 初吉	逄叔壺 09625 吉日	登鐸 mx1048 初吉	諆余鼎 mx0219 初吉
	𦵧子𪭢盞q xs1235 初吉	邵子裁盤 xs1372 吉金	逄叔壺 09626 吉日	登鐸 mx1048 吉金	諆余鼎 mx0219 吉金
襄王孫盞 xs1771 吉金	侯古堆鎛 xs276 初吉	侯古堆鎛 xs277 初吉	侯古堆鎛 xs278 初吉	侯古堆鎛 xs279 初吉	侯古堆鎛 xs280 初吉
羅兒匜 xs1266 吉金	侯古堆鎛 xs276 吉金	侯古堆鎛 xs277 吉金	侯古堆鎛 xs278 吉金	侯古堆鎛 xs279 吉金	侯古堆鎛 xs280 吉金
CE					

		 楚太師登鐘 mt15511a 初吉 楚太師登鐘 mt15512a 初吉	 楚太師登鐘 mt15513a 初吉 楚太師登鐘 mt15514a 初吉	 楚太師登鐘 mt15516a 初吉  楚太師登鐘 mt15518a 初吉	 楚太師登鐘 mt15511a 吉金  楚太師登鐘 mt15512a 吉金
 鄬伯受簠 04599.1 吉金  鄬伯受簠 04599.2 吉金		 楚子暖簠 04575 初吉  楚子暖簠 04576 初吉	 楚子暖簠 04577 初吉  王子嬰次鐘 00052 初吉	 楚屈子赤目簠 04612 初吉  楚屈子赤目簠 xs1230 初吉	 以鄧匜 xs405 初吉  以鄧匜 xs405 吉金
 侯古堆鎛 xs281 初吉  侯古堆鎛 xs281 吉金	 侯古堆鎛 xs282 初吉	子季嬴青簠 04594.1 吉金  子季嬴青簠 04594.2 吉金			 復公仲壺 09681 吉金  復公仲簋蓋 04128 吉金
CE		楚			

楚太師登鐘 mt15513a 吉金	楚太師登鐘 mt15516a 吉金	楚太師登鐘 mt15518a 吉金	楚太師鄧子鎛 mx1045 初吉	楚嬴盤 10148 初吉	楚嬴匜 10273 初吉
楚太師登鐘 mt15514a 吉金	楚太師登鐘 mt15517 吉金	楚太師登鐘 mt15519a 吉金	楚太師鄧子鎛 mx1045 吉金	中子化盤 10137 吉金	
以鄧鼎g xs406 初吉	以鄧鼎q xs406 初吉	仲改衛簠 xs399 初吉	仲改衛簠 xs400 初吉	何次簠 xs402 初吉	何次簠g xs404 初吉
以鄧鼎g xs406 吉金	以鄧鼎q xs406 吉金	仲改衛簠 xs399 吉金	仲改衛簠 xs400 吉金	何次簠 xs402 吉金	何次簠q xs404 初吉
㑌夫人嬺鼎 mt02425 嬺擇其古<吉>金					
子辛戈 xs526 吉金					

楚

 考叔㸒父簠 04608.1 初吉  考叔㸒父簠 04608.2 初吉	 考叔㸒父簠 04609.1 初吉  考叔㸒父簠 04609.2 初吉	 楚王領鐘 00053.1 初吉  楚王鐘 00072 初吉			
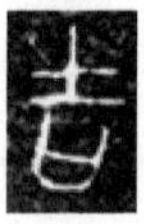 何次簠q xs403 初吉  東姬匜 xs398 初吉	 孟縢姬缶 10005 初吉  孟縢姬缶 xs416 初吉	 楚子棄疾簠 xs314 吉金  孟縢姬缶 10005 吉金	 孟縢姬缶 xs416 吉金  敬事天王鐘 00075 初吉	 敬事天王鐘 00076 初吉  敬事天王鐘 00073 初吉	 敬事天王鐘 00078.1 初吉  敬事天王鐘 00080.1 初吉
	 𪒠鐘 xs482a 吉金  𪒠鐘 xs486a 吉金	 𪒠鐘 xs484a 吉金	 𪒠鎛 xs489a 吉金  𪒠鎛 xs490a 吉金	 𪒠鎛 xs491a 吉金  𪒠鎛 xs492a 吉金	 𪒠鎛 xs494a 吉金  𪒠鎛 xs496a 吉金
楚					

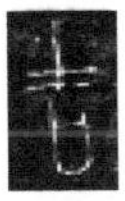

王孫誥鐘 xs418 初吉	 王孫誥鐘 xs419 初吉	 王孫誥鐘 xs420 吉金	 王孫誥鐘 xs421 吉金	王孫誥鐘 xs422 吉金	王孫誥鐘 xs423 吉金
王孫誥鐘 xs418 吉金	王孫誥鐘 xs420 初吉	 王孫誥鐘 xs421 初吉	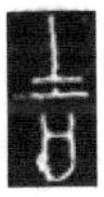 王孫誥鐘 xs422 初吉丁亥	 王孫誥鐘 xs423 初吉	 王孫誥鐘 xs424 吉[金]

楚

王孫誥鐘 xs425 初吉 王孫誥鐘 xs425 吉金	王孫誥鐘 xs426 初吉 王孫誥鐘 xs426 吉金	王孫誥鐘 xs427 初吉 王孫誥鐘 xs427 吉金	王孫誥鐘 xs428 初吉 王孫誥鐘 xs428 吉金	王孫誥鐘 xs429 初吉 王孫誥鐘 xs429 吉金	王孫誥鐘 xs430 初吉 王孫誥鐘 xs430 吉金

楚

王孫誥鐘 xs434 初吉 王孫誥鐘 xs434 吉金	王孫誥鐘 xs435 初吉 王孫誥鐘 xs435 吉金	王孫誥鐘 xs433 初吉 王孫誥鐘 xs433 吉金	王孫誥鐘 xs443 初吉 王孫誥鐘 xs443 吉金	王孫遺者鐘 00261.1 初吉 王孫遺者鐘 00261.1 吉金	楚叔之孫倗鼎q xs473 吉金 發孫虜簠 xs1773 初吉

楚

發孫虜鼎q xs1205 初吉	發孫虜鼎q xs1205 吉金	楚王鼎q mt02318 初吉	楚王鼎 mx0188 初吉	王子吳鼎 02717 初吉丁亥	王子吳鼎 mt02343b 初吉丁亥
發孫虜鼎g xs1205 吉金	楚王鼎g mt02318 初吉	楚王鼎 mx0210 初吉	楚王媵嬭加缶 kg2020.7 初吉	王子吳鼎 02717 吉金	王子吳鼎 mt02343b 吉金
楚					

王子午鼎 02811.2 初吉 王子午鼎 02811.2 吉金	王子午鼎q xs444 初吉 王子午鼎q xs444 吉金	王子午鼎 xs445 吉金 王子午鼎 xs446 初吉	王子午鼎 xs446 吉金 王子午鼎q xs447 初吉	王子午鼎q xs447 吉金 王子午鼎 xs449 初吉	王子午鼎 xs449 吉金
郙夫人嫘鼎 mt02425 初吉 郙夫人嫘鼎 mt02425 長購□其吉	欒書缶 10008.2 吉金	競孫旟也鬲 mt03036 吉晷(辰)不貣 競孫不服壺 mt12381 吉晷(辰)不貣			
楚					

 童麗君柏匿q mx0494 初吉  童麗君柏匿q mx0494 吉金	 童麗君柏匿g mx0494 初吉  童麗君柏匿g mx0494 吉金	 童麗君柏匿q mx0495 初吉  童麗君柏匿q mx0495 吉金	 童麗君柏匿g mx0495 初吉  童麗君柏匿g mx0495 吉金	 童麗君柏鐘 mx1016 初吉  童麗君柏鐘 mx1017 初吉	 童麗君柏鐘 mx1018 初吉  童麗君柏鐘 mx1019 初吉
九里墩鼓座 00429.1 吉金					
鍾離					

童麗君柏鐘 mx1022 初吉 童麗君柏鐘 mx1021 初吉	童麗君柏鐘 mx1023 初吉 童麗君柏鐘 mx1024 初吉	季子康鎛 mt15787a 初吉 季子康鎛 mt15788a 吉金	季子康鎛 mt15789a 初吉 季子康鎛 mt15789a 吉金	季子康鎛 mt15790a 初吉 季子康鎛 mt15790a 吉金	季子康鎛 mt15791a 初吉 季子康鎛 mt15791a 吉[金]

鍾離

𨛭大子鼎 02652 初吉					
次口缶 xs1249 吉金 宜桐盂 10320 初吉日己酉	庚兒鼎 02715 初吉 庚兒鼎 02716 初吉				
沇兒鎛 00203.1 初吉 沇兒鎛 00203.1 吉金	徐王子旃鐘 00182.1 初吉 徐王子旃鐘 00182.1 吉金	𨛭王義楚觶 06513 吉日 𨛭王義楚觶 06513 吉金	徐王義楚盤 10099 吉金 余購逐兒鐘 00183.1 初吉	余購逐兒鐘 00185.1 初吉 余購逐兒鐘 00184.1 吉金	𨛭令尹者旨留爐　10391 吉金 𨛭諮尹征城 00425.1 初吉
徐					

郘謟尹征城 00425.2 皿彼吉人享 徐王義楚之元子劍　11668 吉金	三兒簋 04245 初吉 三兒簋 04245 吉金	郘䝼尹朁鼎 02766.1 吉日 郘䝼尹朁鼎 02766.2 吉日	之乘辰鐘 xs1409 吉日 之乘辰鐘 xs1409 吉金	夫欧申鼎 xs1250 初吉 夫欧申鼎 xs1250 吉金	遷邟鐘 mt15520 初吉 遷邟鐘 mt15521 初吉
徐				舒	

遷邟鎛 mt15796 初吉 遷邟鎛 mt15794 初吉	遷邟鐘 mt15520 吉金 遷邟鐘 mt15520 吉金	遷邟鐘 mt15521 吉金 遷邟鐘 mt15521 吉金	遷邟鎛 mt15796 吉金 遷邟鎛 mt15796 吉金	遷邟鎛 mt15794 吉金 遷邟鎛 mt15794 吉金	遷邟鐘 mx1027 初吉 遷邟鐘 mx1027 吉金
舒					

	 者𣲙鐘 00193 初吉  者𣲙鐘 00194 吉金	 者𣲙鐘 00195 初吉  者𣲙鐘 00196 [初]吉	 者𣲙鐘 00196 吉金 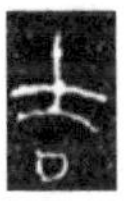 者𣲙鐘 00197.1 初吉	 者𣲙鐘 00197.1 吉金  者𣲙鐘 00198.1 初吉	 者𣲙鐘 00198.1 吉金  者𣲙鐘 00201 初吉
 遷邟鐘 mx1027 吉金					
舒	吴				

者䧹鐘 00202 初吉					
 工吴王䱷䱷劍 mt17948 吉金  吴王餘眛劍 mx1352 吉金	 吴王光鐘 0223.1 吉日  吴王光鐘 00224.1 吉日	 攻吴王光韓劍 xs1807 吉金 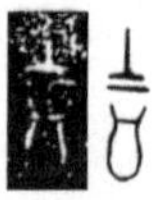 吴王光鑑 10298 吉日	 吴王光鑑 10298 吉金  吴王光鑑 10299 吉日	 吴王光鑑 10299 吉金  臧孫鐘 00093 初吉	 臧孫鐘 00093 吉金  臧孫鐘 00094 初吉

吴

臧孫鐘 00094 吉金 臧孫鐘 00095 初吉	臧孫鐘 00095 吉金 臧孫鐘 00096 初吉	臧孫鐘 00096 吉金 臧孫鐘 00097 初吉	臧孫鐘 00097 吉金 臧孫鐘 00098 初吉	臧孫鐘 00098 吉金 臧孫鐘 00099 初吉	臧孫鐘 00100 初吉 臧孫鐘 00100 吉金

吴

 臧孫鐘 00101 初吉 臧孫鐘 00101 吉金	 配兒鉤鑃 00427.1 初吉 配兒鉤鑃 00427.2 吉金	 吴王夫差鑑 10294 吉金 吴王夫差鑑 10295 吉金	 吴王夫差鑑 10296 吉金 攻吴王夫差鑑 xs1477 吉金	 吴王夫差盉 xs1475 鑄女子之器吉 吴王夫差缶 mt14082 吉金	 冉鉦鋮 00428 初吉 冉鉦鋮 00428 吉金
吴					

 攻吴王夫差鑑 mx100 吉金  𢿢巢鎛 xs1277 吉金	 姑馮昏同之子句鑃 00424.1 初吉  姑馮昏同之子句鑃 00424.1 吉金	 其次句鑃 00421 初吉  其次句鑃 00422A 初吉	 其次句鑃 00422A 吉金  其次句鑃 00422B 初吉	 其次句鑃 00422B 吉金  越王者旨於賜鐘 00144 吉日	 越王者旨於賜鐘 00144 吉金  忾不余席鎮 mx1385 吉金
吴	越				

	 叔皮父簋 04127 初吉  華母壺 09638 初吉	 王孫壽甗 00946 初吉  王孫壽甗 00946 吉金	 邾子良人甗 00945 吉金  冶仲考父壺 09708 初吉		
	 嘉子孟嬴𦉜缶 xs1806 初吉	 鐘伯侵鼎 02668 初吉  公父宅匜 10278 初吉	 □偖生鼎 02632 吉金  □偖生鼎 02633 吉金	 鎬鼎 02478 吉金  □子季□盆 10339 □吉庚午	 王孫叔䜌甗 mt03362 吉金
 者尚余卑盤 10165 初吉  者尚余卑盤 10165 吉金	 嘉子昜伯臚簠 04605.1 初吉  嘉子昜伯臚簠 04605.1 吉金	 嘉子昜伯臚簠 04605.2 初吉  嘉子昜伯臚簠 04605.2 吉金	 揚鼎 mt02319 初吉  揚鼎 mt02319 吉金	 要君盂 10319 初吉  □侯戈 11407.2 下吉勿而獲轡	 與子具鼎 xs1399 初吉 痟父匜 mt14986 初吉
越					

 伯怡父鼎 eb312 初吉 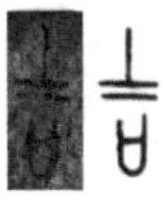 者差劍 xs1869 吉金	壬午吉日戈 mt17119 吉日  壬午吉日戈 mt17121 吉日	 壬午吉日戈 mt17122 吉日  壬午吉日戈 xs1979 吉日	 吉用車軎 mt19003 吉用  吉用車軎 mt19004 吉用	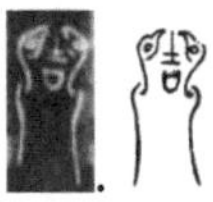 虡公劍 11663A 吉金  虡公劍 eb1297 吉金	 虡公劍 eb1298 吉金  玄翏夫吕戟 xs1381 玄翏夫吕之吉用

周

燕	齊	番	曾		
琱射壺 kw2021.3 周(琱)射作尊壺	齊伯里父匜 mt14966 周姜				
			曾公畩鎛鐘 jk2020.1 周之文武 曾公畩鎛鐘 jk2020.1 左右有周	曾公畩鎛鐘 jk2020.1 左右有周 曾公畩甬鐘A jk2020.1 周之文武	曾公畩甬鐘A jk2020.1 左右有周 曾公畩甬鐘A jk2020.1 左右有周
		鄱子成周鐘 xs283 鄱子成周 鄱子成周鐘 mt15257 鄱子成周	曾侯與鐘 mx1029 周室之既卑 ⿰女僕盤 mx0948 余周室攸(介)俌(輔)		

唐

 曾公畎甬鐘A jk2020.1 左右有周 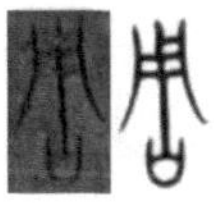 曾公畎甬鐘B jk2020.1 周之文武	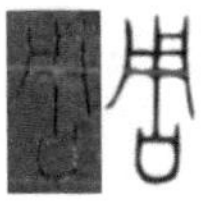 曾公畎甬鐘B jk2020.1 左右有周 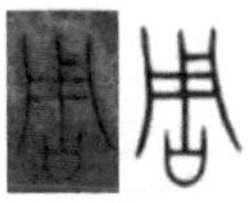 曾公畎甬鐘B jk2020.1 左右有周	 周王孫季紿戈 11309.1 周王孫季紿(怡)	 宋公圝鋪 mt06157 有殷天乙唐(湯)  宋公圝鋪 mx0532 有殷天乙唐(湯)	 宋公圝鼎g mx0209 有殷天乙唐(湯)  宋公圝鼎q mx0209 有殷天乙唐(湯)孫	 叔夷鐘 00275.2 虩虩(赫赫)成唐(湯)  叔夷鎛 00285.5 虩虩(赫赫)成唐(湯)
			 宋公䜌簠 04589 有殷天乙唐(湯)  宋公䜌簠 04590 有殷天乙唐(湯)		
曾		CE	宋		齊

㕣	吁				各
					秦公簋 04315.2 其嚴遣各
之乘辰鐘 xs1409 而乍繇夫㕣之貴甥	吴王光鐘 00224.1 以作寺吁[龢鐘] 吴王光鐘 00224.6 以作寺吁龢鐘	吴王光鐘 00224.20 [寺]吁[龢鐘] 吴王光鐘 00224.27 以作寺吁[龢鐘]	吴王光鑑 10298 叔姬寺吁宗彝薦鑑 吴王光鑑 10299 叔姬寺吁宗彝薦鑑	吁戈 11032 吁□□佚	
徐	吴				秦

哀

			 上曾太子鼎 02750 心聖若慮哀哀利錐	 鄀公敄人鐘 00059 皇祖哀公	 哀鼎g mt02311 曩妟甥之子孫衮(哀) 哀鼎q mt02311 曩妟甥之子孫衮(哀)
 哀成叔鼎 02782 哀成叔  哀成叔鉶 04650 哀成叔	 哀成叔豆 04663 哀成叔  鄭莊公之孫盧鼎 mt02409 嗚呼哀哉	  司馬楙鎛 eb47 哀命鰥寡			
鄭		滕	D	CE	曩

昏　　　　唬

 晉公盤 mx0952 諫諫(哀哀)莫不日卑覺	 曾公畎鎛鐘 jk2020.1 淑淑伯昏 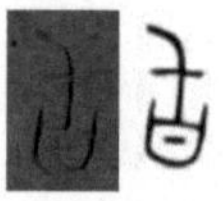 曾公畎甬鐘A jk2020.1 淑淑伯昏	 曾公畎甬鐘B jk2020.1 淑淑伯昏  嬭加編鐘 kg2020.7 伯昏受命		 盄和鐘 00270.1 協龢萬民唬夙夕	
			 姑馮昏同之子句鑃 00424.1 姑馮昏同之子		 郐諧尹征城 00425.2 次唬升爵
晉	曾		越	秦	徐

昀	時				𠷎
曾侯與鐘 mx1032 𢾊(定)昀(徇)曾土	曾𡢁嫞朱姬簠g xs530 曾𡢁㛢邾姬作時(持) 曾𡢁嫞朱姬簠q xs530 曾𡢁㛢邾姬作時(持)	曾侯𨚕戈 11094 曾侯𨚕作時(持) 曾侯𨚕戈 11095 曾侯𨚕作時(持)	曾侯𨚕戟 11096 曾侯𨚕作時(持) 曾侯𨚕戟 11097 曾侯𨚕作時(持)	曾侯𨚕簠 eb460 曾侯𨚕作時(持) 曾侯𨚕簠 mx0477 曾侯𨚕作時(持)	楚子壽戈 mx1156 楚子𠷎(壽)爲其…
曾	曾				楚

哏

			簷叔之仲子平鐘　00172 聖智龏哏(良) 簷叔之仲子平鐘　00173 聖智龏哏(良)	簷叔之仲子平鐘　00174 聖智龏哏(良) 簷叔之仲子平鐘　00175 聖智龏哏(良)	簷叔之仲子平鐘　00177 聖智龏哏(良) 簷叔之仲子平鐘　00179 聖智龏哏(良)
攻敔王光鐸 mx1047 攻敔王光初得其睘金 吴王光帶鈎 mx1388 工吾王光初得其睘金	吴王壽夢之子劍　xs1407 攻敔王姑□□睘(壽)夢 吴王光帶鈎 mx1390 工吾王光初得其睘金	吴王餘眛劍 mx1352 余睘(壽)夢之子			
吴			莒		

𠷎

	薛侯盤 10133 叔妊𠷎(襄) 薛侯匜 10263 叔妊𠷎(襄)				
濫公宜脂鼎 mx0191 濫公宜脂余其哴(良)金		叔夷鐘 00276.1 𤳳(襄)公 叔夷鐘 00280 𤳳(襄)公	叔夷鎛 00285.6 𤳳(襄)公		
				樂子簠 04618 樂子嚷(襄)豧	蔡襄尹啓戈 ms1444 蔡𠷎(襄)尹
D	薛	齊		宋	蔡

嚴

 秦公簋 04315.1 嚴（嚴）恭夤天命  秦公簋 04315.2 其嚴（嚴）遄各	 盄和鐘 00270.1 嚴（嚴）恭夤天命	 晉公盤 mx0952 嚴（嚴）夤恭天命			 王孫誥鐘 xs418 有嚴（嚴）穆穆  王孫誥鐘 xs419 有嚴（嚴）穆穆
			 與兵壺q eb878 嚴敬兹禋盟 與兵壺 ms1068 嚴敬兹禋盟	 司馬楙鎛 eb47 嚴恭天命	
秦		晉	鄭	滕	楚

王孫誥鐘 xs420 有嚴(嚴)穆穆	王孫誥鐘 xs422 有嚴(嚴)穆穆	王孫誥鐘 xs425 有嚴(嚴)穆穆	王孫誥鐘 xs427 有嚴(嚴)穆穆	王孫誥鐘 xs430 有嚴(嚴)穆穆	王孫誥鐘 xs435 有嚴(嚴)穆穆
王孫誥鐘 xs421 有嚴(嚴)穆穆	王孫誥鐘 xs423 有嚴(嚴)穆穆	王孫誥鐘 xs426 有嚴(嚴)穆穆	王孫誥鐘 xs429 有嚴(嚴)穆穆	王孫誥鐘 xs434 有嚴(嚴)穆穆	王孫誥鐘 xs433 有嚴(嚴)穆穆

楚

噩

楚	吴	曾	鄭	鄂	
			賓登鼎 mt02122 鄭噩叔	鄂姜鬲 jk2020.3 噩(鄂)姜 鄂姜簠 jk2020.3 噩(鄂)姜	鄂侯鐘 jk2020.3 噩(鄂)侯 鄂侯作孟姬壺 ms1044 噩(鄂)侯
王孫誥鐘 xs443 有嚴(嚴)穆穆					
	吴王光鐘 0223.1 余嚴天之命 吴王光鐘 00224.2 □厰(嚴)天之□	曾侯與鐘 mx1029 有嚴(嚴)曾侯			

鄂姜簋 ms0552 噩(鄂)姜 鄂伯邍鼎 ms0241 噩(鄂)伯	鄂侯鬲 ms0319 噩(鄂)侯 鄂侯鼎 ms0230 噩(鄂)侯	鄂侯簋 ms0464 噩(鄂)侯 鄂侯夫人鼎 jjmy004 噩(鄂)侯	鄂侯鐘 ms1263 噩(鄂)侯 鄂侯鐘 ms1264 噩(鄂)侯	鄂侯鐘 ms1265 噩(鄂)侯	單子白盨 04424 單子 單伯邍父鬲 00737 單伯
					單子戈 ms1380 單子
鄂					單

				嚳	喪
叔單鼎 02657 黄孫子□君叔單 □□單盤 10132 綏君單	奚□單匜 10235 綏君單	曾子單鬲 00625 曾子	鄺大嗣攻鬲 00678 司工單		秦政伯喪戈 eb1248 秦政伯喪 秦政伯喪戈 eb1249 秦政伯喪
				曾侯與鐘 mx1029 伯籧(括)上嚳	
黄		曾		曾	秦

秦	晋	陳		齊	
有司伯喪矛 eb1271 有司伯喪 有司伯喪矛 eb1272 有司伯喪					
	子犯鐘 xs1010 喪厥師 子犯鐘 xs1022 喪厥師	陳大喪史仲高鐘　00350 陳大喪史 陳大喪史仲高鐘　00353.1 陳大喪史	陳大喪史仲高鐘　00354.1 陳大喪史 陳大喪史仲高鐘　00355.1 陳大喪史		
				洹子孟姜壺 09729 齊侯[女]雷爲喪其□ 洹子孟姜壺 09729 洹子孟姜喪其人民部邑	洹子孟姜壺 09729 洹子孟姜喪其人民部邑 洹子孟姜壺 09730 齊侯[女]雷爲喪其□

走

齊	曾	吳	魯		薛
			 魯司徒仲齊盨 04440.1 皇考伯徒(走)父  魯司徒仲齊盨 04441.1 皇考伯徒(走)父	 魯司徒仲齊盨 04441.2 皇考伯徒(走)父  魯司徒仲齊匜 10275 皇考伯徒(走)父	 走馬薛仲赤簠 04556 徒(走)馬
 洹子孟姜壺 09730 洹子孟姜喪其人民部邑	 曾季关臣盤 eb933 永用之勿喪	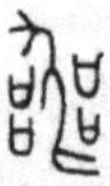 冉鉦鋮 00428 女勿喪勿敗			

赴				趣	趫
右走馬嘉壺 09588 右徒(走)馬 自作鐘 00007 𧻓(走)鐘					齊趫父鬲 00685 齊趫父 齊趫父鬲 00686 齊趫父
吴買鼎 02452 徒(走)馬					
	邨子𩵦缶 09995 䞯(赴)缶	倗夫人嫘鼎 mt02425 让鼎 倗夫人𦤶缶 ms1179 让缶	曾旨尹喬缶 mx0902 让缶	鄘侯少子簋 04152 孝孫不巨拾趣(取)吉金	
	楚		曾	莒	齊

趩

晉	曾	楚			
 戎生鐘 xs1613 趄趄趩趩					
	嬭加鎛丙 ms1284 䆞䆞趩趩	 王孫誥鐘 xs418 畏忌趩趩  王孫誥鐘 xs419 畏忌趩趩	 王孫誥鐘 xs420 畏忌趩趩  王孫誥鐘 xs421 畏忌趩趩	 王孫誥鐘 xs422 畏忌趩趩  王孫誥鐘 xs423 畏忌趩趩	 王孫誥鐘 xs424 畏忌趩趩  王孫誥鐘 xs425 畏忌趩趩

王孫誥鐘 xs426 畏忌趩趩	 王孫誥鐘 xs428 畏忌趩趩	 王孫誥鐘 xs430 畏忌趩趩	 王孫誥鐘 xs439 畏忌趩趩	 王孫遺者鐘 00261.2 畏忌趩趩	 王子午鼎 02811.2 畏忌趩趩
 王孫誥鐘 xs427 畏忌趩趩	 王孫誥鐘 xs429 畏忌趩趩	 王孫誥鐘 xs434 畏忌趩趩	 王孫誥鐘 xs440 畏忌趩趩		 王子午鼎q xs444 畏忌趩趩

楚

趙　　趄

				 仲姜壺 mt12247 趄(桓)公  仲姜壺 mt12248 趄(桓)公	 仲姜甗 mt03300 趄(桓)公  仲姜鼎 mt01835 趄(桓)公
 王子午鼎 xs445 畏忌趩趩  王子午鼎 xs446 畏忌趩趩	 王子午鼎q xs447 畏忌趩趩  王子午鼎 xs449 畏忌趩趩	  趙眚月戈 xs972 趙眚月之御戈   趙焦犲戈 mx1218 趙氏孫	 秦公簋 04315.1 剌剌趄趄  盄和鐘 00270.2 剌剌趄趄		
		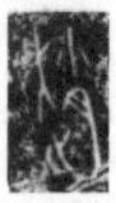 趙孟庎壺 09678 趙孟庎  趙孟庎壺 09679 趙孟庎			
楚		晉	秦	芮	

仲姜鼎 mt01836 超(桓)公	仲姜鼎 mt01838 超(桓)公	仲姜簋q mt04532 超(桓)公	仲姜簋q mt04533 超(桓)公	仲姜簋q mt04534 超(桓)公	仲姜簋q mt04535 超(桓)公
仲姜鼎 mt01837 超(桓)公	仲姜簋g mt04532 逗(桓)公	仲姜簋g mt04533 逗(桓)公	仲姜簋g mt04534 逗(桓)公	仲姜簋g mt04535 逗(桓)公	仲姜鼎 ms0202 超(桓)公

芮

⿺走甬

戎生鐘 xs1613 ⿺走亘⿺走亘⿺走巽⿺走巽					
	曾公畩鎛鐘 jk2020.1 至于⿺走亘(桓)莊 曾公畩甬鐘A jk2020.1 至于⿺走亘(桓)莊	曾公畩甬鐘B jk2020.1 至于⿺走亘(桓)莊			
			攻敔王光劍 11666 逗余允至	吴王光戈 11255.1 大王光逗(桓) 吴王光逗劍 wy029 大王光逗(桓)	諸樊之子通劍 xs1111 姑發者反之子 ⿺走甬
晋	曾		吴		吴

趒	⿺走司	趪			
	齊不⿺走司鬲 mt02926 齊不⿺走司作侯伯尊鬲				
		王孫誥鐘 xs418 趪趪(皇皇)熙熙 王孫誥鐘 xs419 趪趪(皇皇)熙熙	王孫誥鐘 xs420 趪趪(皇皇)熙熙 王孫誥鐘 xs421 趪趪(皇皇)熙熙	王孫誥鐘 xs422 趪趪(皇皇)熙熙 王孫誥鐘 xs423 趪趪(皇皇)熙熙	王孫誥鐘 xs424 趪趪(皇皇)熙熙 王孫誥鐘 xs426 趪趪(皇皇)熙熙
雎盤 ms1210 子趒之子雎					
蔡	齊	楚			

⿺走馬　　⿺走巸

王孫誥鐘 xs427 趪趪(皇皇)熙熙 王孫誥鐘 xs428 趪趪(皇皇)熙熙	王孫誥鐘 xs429 趪趪(皇皇)熙熙 王孫誥鐘 xs431 趪趪(皇皇)熙熙	王孫誥鐘 xs436 趪趪(皇皇)熙熙 王孫誥鐘 xs437 趪趪(皇皇)熙熙	王孫誥鐘 xs438 趪趪(皇皇)熙熙 王孫誥鐘 xs442 趪趪(皇皇)熙熙	⿺走馬亥鼎 02588 宋莊公之孫⿺走馬亥	
					與兵壺 eb878q 穆穆⿺走巸⿺走巸(熙熙) 與兵壺 ms1068 穆穆⿺走巸⿺走巸(熙熙)
楚				宋	鄭

	 王孫誥鐘 xs418 皇皇趣趣(熙熙)  王孫誥鐘 xs419 皇皇趣趣(熙熙)	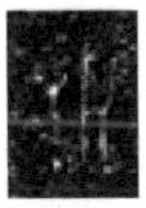 王孫誥鐘 xs420 皇皇趣趣(熙熙)  王孫誥鐘 xs421 皇皇趣趣(熙熙)	 王孫誥鐘 xs422 皇皇趣趣(熙熙)  王孫誥鐘 xs424 皇皇趣趣(熙熙)	 王孫誥鐘 xs425 皇皇趣趣(熙熙)  王孫誥鐘 xs427 皇皇趣趣(熙熙)	 王孫誥鐘 xs428 皇皇趣趣(熙熙)  王孫誥鐘 xs429 皇皇趣趣(熙熙)
 鄦子盟自鎛 00153 皇皇趣趣(熙熙)					
許	楚				

				⿺走袁	⿺走臧
				戎生鐘 xs1614 ⿺走袁⿺走袁穆穆	戎生鐘 xs1613 ⿺走臧爯穆穆
王孫誥鐘 xs431 皇皇⿺走𦣝⿺走𦣝(熙熙) 王孫誥鐘 xs437 皇皇⿺走𦣝⿺走𦣝(熙熙)	王孫誥鐘 xs438 皇皇⿺走𦣝⿺走𦣝(熙熙) 王孫誥鐘 xs442 皇皇⿺走𦣝⿺走𦣝(熙熙)	王孫遺者鐘 00261.2 皇皇⿺走𦣝⿺走𦣝(熙熙)			
			沇兒鎛 00203.2 皇皇⿺走𦣝⿺走𦣝(熙熙)		
楚			徐	晋	晋

⿺走區 止 歷 歸

  蔡大善夫⿺走區簠g xs1236 蔡大膳夫⿺走區 蔡大善夫⿺走區簠q xs1236 蔡大膳夫⿺走區	 彭伯壺 xs315 永寶用止<之>  矩甗 xs970 永寶用止<之>	  曾伯陭鉞 xs1203 賀非歷殹型用爲民政			
				 齊太宰歸父盤 10151 齊太宰⿺辶歸(歸)父  歸父盤 mx0932 齊太宰⿺辶歸(歸)父	 庚壺 09733.2B 歸獻于靈公之所
			 歸父敦 04640 魯子仲之子⿺辶歸(歸)父		
蔡	CE	曾	魯	齊	

			崎	[illegible]	登
鄘季伯歸鼎 02644 鄘季之伯遄(歸)臺 鄘季伯歸鼎 02645 鄘季之伯遄(歸)臺	伯歸臺盤 mt14484 鄘季之伯遄(歸)臺				寶登鼎 mt02122 鄭噩叔之子寶登
		雷子歸産鼎 ms0175 雷子歸産	崎鼎 mx0079 崎之阠鼎 崎壺 mx0806 崎之尊壺	競之㝬鼎 mx0178 [illegible]([illegible])彝鬻盎 競之朝鼎 hnbw [illegible]([illegible])彝鬻盎	
CE			曾	楚	鄭

	 鄧公簋 03775 弄(鄧)公  鄧公簋 03776 弄(鄧)公	 鄧公簋 03858 弄(鄧)公  鄧公牧簋 03590.1 弄(鄧)公	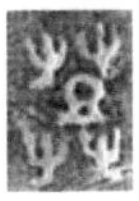 鄧子伯鼎甲 jk2022.3 唯彛(鄧)九月  鄧子伯鼎乙 jk2022.3 唯彛(鄧)九月	 鄧公牧簋 03590.2 弄(鄧)公  鄧公牧簋 03591 弄(鄧)公	 鄧子伯鼎甲 jk2022.3 彛(鄧)子郮伯  鄧子伯鼎乙 jk2022.3 彛(鄧)子郮伯
 叔夷鐘 00274.1 余用彛(登)純厚乃命  叔夷鎛 00285.4 余用彛(登)純厚乃命	  鄧鯀鼎 02085.1 彛(鄧)鮇(鯀) 鄧鯀鼎 02085.2 彛(鄧)鮇(鯀)				
齊	鄧				

 鄧公簋蓋 04055 唯𢍰(鄧)九月	 伯氏始氏鼎 02643 唯弄(鄧)八月	 鄧子仲無忌戈 xs1232 𢍰(鄧)子	 鄧公孫無忌鼎 xs1231 𢍰(鄧)公	 鄧子孫白鼎 mx0092 𢍰(鄧)子	 鄧公匜 10228 𢍰(鄧)公
 鄧公簋蓋 04055 𢍰(鄧)公	 鄧子仲無忌戈 xs1234 𢍰(鄧)子	 鄧子仲無忌戈 xs1233 𢍰(鄧)子	 鄧伯吉射盤 10121 𢍰(鄧)伯	 鄧公匜 10228 唯𢍰(鄧)槃塴 吉邑鄧公金	 鄧子伯戈 jk2022.3 𢍰(鄧)子伯

鄧

	 楚太師登鐘 mt15511a 楚太師豨(鄧)辥慎  楚太師登鐘 mt15512a 楚太師豨(鄧)辥慎	 楚太師登鐘 mt15513a 楚太師豨(鄧)辥慎  楚太師登鐘 mt15514a 楚太師豨(鄧)辥慎	 楚太師登鐘 mt15516a 楚太師豨(鄧)辥慎  楚太師登鐘 mt15517 楚太師豨(鄧)辥慎	 楚太師登鐘 mt15518a 楚太師豨(鄧)辥慎 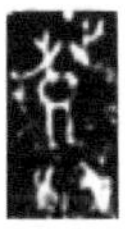 楚太師登鐘 mt15519a 楚太師豨(鄧)辥慎	 楚太師鄧子鎛 mx1045 楚太師豨(鄧)辥慎
 盅鼎 02356 盅之嚳(登)鼎  登鐸 mx1048 □子登					
CE	楚				

癹

			曾太保簋g ms0559 唯曾太保癹(發) 曾太保簋q ms0559 唯曾太保癹(發)		
者濫鐘 00194 其⿱癶⿱豆廾(登)于[上下] 者濫鐘 00195 其⿱癶⿱豆廾(登)于[上下]	者濫鐘 00196 [其]⿱癶⿱豆廾(登)于[上下]	者濫鐘 00197.2 其⿱癶⿱豆廾(登)于上下 者濫鐘 00198.2 其⿱癶⿱豆廾(登)于上下		發孫虜簋 xs1773 [illegible](發)孫虜	發孫虜鼎g xs1205 [illegible](發)孫虜 發孫虜鼎q xs1205 [illegible](發)孫虜
吴			曾	楚	

歲

			晉公戈 xs1866 歲之禜車		
諸樊之子通劍 xs1111 攻敔王姑燮 (發)者反 姑發諸樊之弟 劍　xs988 工䱷王姑發𧥺 (習)反	攻吳王姑發邸 之子劍 xs1241 攻䱷王姑燮 (發)邸 工䱷王姑發者 坂戈　wy03 工䱷王姑燮 (發)諸坂	工䱷王姑燮者 坂劍　ms1617 姑燮(發)者坂		杕氏壺 09715 歲賢鮮虞	與兵壺q eb878 春秋歲嘗 與兵壺 ms1068 春秋歲嘗
吳			晉	燕	鄭

滕	齊	莒	番	蔡	CE
	國差罎 10361 國佐涖事戲(歲)				
 司馬楙鎛 eb47 唯正孟戲(歲)十月	 公子土折壺 09709 公孫窹涖事戲(歲)	鄺平壺 xs1088 以□戲(歲)	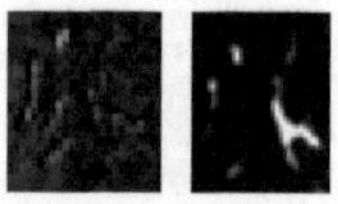 鄱子成周鐘 xs290 [百]歲	 蔡侯龖尊 06010 □歲  蔡侯龖盤 10171 千歲	 侯古堆鎛 xs276 百歲  侯古堆鎛 xs277 百歲

		 敬事天王鐘 00074 百歲(歲)  敬事天王鐘 00079 百歲(歲)	 敬事天王鐘 00081.2 百歲(歲)		
 侯古堆鎛 xs278 百歲  侯古堆鎛 xs279 百歲	 侯古堆鎛 xs281 百歲 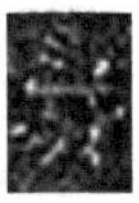 侯古堆鎛 xs282 百歲	 黝鐘 xs482a 千歲  黝鐘 xs483b 千歲	 黝鎛 xs491b 千歲  黝鎛 xs492a 千歲	  黝鎛 xs495a 千歲 㑥夫人嬬鼎 mt02425 戕(歲)在䊷虋	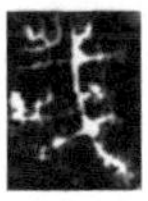 郤子汆鼎 02390 百歲
CE		楚			徐

					 爲甫人盨 04406 萬歲  爲甫人鼎 mt02064 萬歲
 吴王光鐘 0223.1 寺春稔歲  吴王光鐘 00224.1 [寺𡧊]稔歲	 臧孫鐘 00093 攻敔仲終戕 (歲)之外孫  臧孫鐘 00095 攻敔仲終戕 (歲)之外孫	 臧孫鐘 00096 攻敔仲終戕 (歲)之外孫  臧孫鐘 00097 攻敔仲終戕 (歲)之外孫	 臧孫鐘 00098 攻敔仲終戕 (歲)之外孫  臧孫鐘 00099 攻敔仲終戕 (歲)之外孫	 臧孫鐘 00100 攻敔仲終戕 (歲)之外孫  臧孫鐘 00101 攻敔仲終戕 (歲)之外孫	
吴					

此

郳	莒			D	曾
郳□白鼎 02640 作此嬴尊鼎					曾伯霥壺 ms1069 唯此壺章
	簷叔之仲子平鐘　00173 其受此眉壽 簷叔之仲子平鐘　00174 其受此眉壽	簷叔之仲子平鐘　00177 其受此眉壽 簷叔之仲子平鐘　00178 其受此眉壽	簷叔之仲子平鐘　00179 其受此眉壽 簷叔之仲子平鐘　00180 其受此眉壽	此余王鼎 mx0220 此余王□□君	孋加編鐘 kg2020.7 有此南洍
					曾侯鐘 mx1025 以憂此鰥寡

余子白𠚱此戈 mx1248 余子白耴此之元戈					仲滋鼎 xs632 仲滋正衍(行)
	九里墩鼓座 00429.1 余受此于之玄孫	攻吴王𫊣𢦹劍 xs1188 攻䱷王𫊣𢦹此𨛦 攻敔王虘收劍 mt17947 攻敔王虘收此𨛦	吴王餘眛劍 mx1352 𫊣𢦹此𨛦	冉鉦鋮 00428 余處此南疆 冉鉦鋮 00428 余冉鑄此鉦鋮	
徐	鍾離	吴			秦

 芮公鼓架銅套 ms1725 正月	 虢季氏子組盤 ms1214 正月				
		 晉公盤 mx0952 正月  晉公盆 10342 正月	 長子沬臣簠 04625.1 正月  長子沬臣簠 04625.2 正月		
		 郘黛鐘 00226 正月  郘黛鐘 00227 正月	 郘黛鐘 00228 正月  郘黛鐘 00230 正月	 郘黛鐘 00231 正月  郘黛鐘 00232 正月	 郘黛鐘 00233 正月  郘黛鐘 00234 正月
芮	虢	晉			

衛夫人鬲 xs1701 用從遙正(征)	伯□鼎 mt02262 正月				
衛侯之孫書鐘 ms1279 正月		哀成叔鼎 02782 正月 與兵壺q eb878 正五月	𪒠鼎g xs1237 正六月 鄭莊公之孫𪒠鼎 mt02409 正六月	封子楚簠g mx0517 正月	寬兒鼎 02722 正八月 寬兒缶 mt14091 正八月
衛	BC	鄭			蘇

 鄦公買簠 04617.2 正月 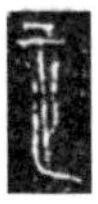 鄦公買簠g eb475 正月	 鄦公買簠q eb475 正月  鄦子妝簠 04616 正月	 子璋鐘 00113 正十月  子璋鐘 00114 正十月	 子璋鐘 00115.1 正十月  子璋鐘 00116.1 正十月	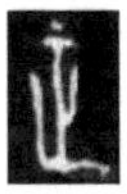 子璋鐘 00117.1 正十月  子璋鐘 00118.1 正十月	 無子盬自鎛 00153 正月  無子盬自鎛 00154 正月
許					

	 敶侯鼎 02650 正月  原氏仲簠 xs395 正月	 原氏仲簠 xs396 正月  原氏仲簠 xs397 正月			
	 敶医作孟姜㛄簠　04606 正月  敶医作孟姜㛄簠　04607 正月	 敶医作王仲媯㛄簠　04603.1 正月  敶医作王仲媯㛄簠　04603.2 正月	 敶医作王仲媯㛄簠　04604.1 正月  敶医作王仲媯㛄簠　04604.2 正月	 陳医盤 10157 正月  陳侯匜 xs1833 正月	 敶子匜 10279 正月  有兒簋 mt05166 正十月
 樂子簠 04618 正月					
宋	陳				

魯酉子安母簠g mt05903 正叔 魯正叔盤 10124 魯正叔					
	邾公釛鐘 00102 正卿				
	鼄大宰簠 04623 正月 鼄大宰簠 04624 正月	鼄公牼鐘 00149 正月 鼄公牼鐘 00150 正月	鼄公牼鐘 00151 正月 鼄公牼鐘 00152 正月	鼄公華鐘 00245 正月 邾公孫班鎛 00140 正月	郳公鞁父鎛 mt15816 正九月 郳公鞁父鎛 mt15817 正九月
魯	邾				郳

 郳公鞁父鎛 mt15815 正和朕身  郳公鞁父鎛 mt15815 作正朕寶	 郳公鞁父鎛 mt15816 正和朕身  郳公鞁父鎛 mt15816 作正朕寶	 郳公鞁父鎛 mt15817 作正朕寶  郳公鞁父鎛 mt15818 正九月	 郳公鞁父鎛 mt15818 正和朕身  郳公鞁父鎛 mt15818 作正朕寶	 郳大司馬彊盤 ms1216 正月  郳大司馬彊匜 ms1260 正月	 郳大司馬鈚 ms1177 正月
郳					

滕	齊		莒		
	 齊鞷氏鐘 00142.1 正月  齊侯子仲姜鬲 mx0260 正月	 庚壺 09733.1B 正月  叔夷鐘 00274.2 正卿	 簷叔之仲子平鐘 00173 正月  簷叔之仲子平鐘 00174 正月	 簷叔之仲子平鐘 00175 正月  簷叔之仲子平鐘 00176 正月	 簷叔之仲子平鐘 00180 正月
 司馬楙鎛 eb47 唯正孟歲十月  司馬楙鎛 eb49 先公正德			 簷太史申鼎 02732 正月  鄩侯少子簋 04152 正月		

D	鄧	唐		番	
 夆叔盤 10163 正月  夆叔匜 10282 正月	 鄧公孫無忌鼎 xs1231 余用正(征)用行				
 此余王鼎 mx0220 正月  濫公宜脂鼎 mx0191 正月				 番子鼎 ww2012.4 正月	
 拍敦 04644 正月  禾簋 03939 正月		 唐子仲瀕兒匜 xs1209 正月  唐子仲瀕鈚 xs1210 正十月	 唐子仲瀕兒盤 xs1211 正月	 鄱子成周鐘 xs283 正月  鄱子成周鐘 mt15256 正月	鄱子成周鐘 mt15257 正月

<table>
<tr><td></td><td></td><td></td><td>竈乎簋
04157.1
正二月 

竈乎簋
04157.2
正二月</td><td>竈乎簋
04158.1
正二月 

竈乎簋
04158.2
正二月</td><td> 孟爾克母簠q
ms0583
正月</td></tr>
<tr><td> 伯亞臣鐳
09974
正月 

伯遊父卮
mt19239b
正月</td><td> 黄太子白克盤
10162
正月 

黄太子白克盆
10338
正月</td><td></td><td> 曾公子叔湲簠g
mx0507
正月</td><td>孎加編鐘
kg2020.7
正月</td><td></td></tr>
<tr><td> 黄韋俞父盤
10146
正月</td><td></td><td> 樊季氏孫仲鼒鼎　02624.1
正月 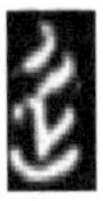

樊季氏孫仲鼒鼎　02624.2
正月</td><td> 曾侯與鐘
mx1029
正月 

曾季关臣盤
eb933
正月</td><td> 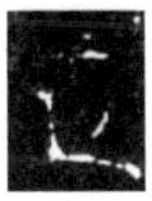曾子□簠
04588
正月 

曾□□簠
04614
正□月</td><td></td></tr>
<tr><td colspan="2">黄</td><td>樊</td><td colspan="3">曾</td></tr>
</table>

曾侯子鎛 mt15763 正月 曾侯子鎛 mt15764 正月	曾侯子鎛 mt15765 正月 曾侯子鎛 mt15766 正月	蔡大善夫趣簠 xs1236 正月 蔡大善夫趣簠 xs1236 正月	蔡太史鉚 10356 正月 蔡公子叔湯壺 xs1892 正月		
		鄬中姬丹盤 xs471 正月 鄬中姬丹匜 xs472 正月	蔡大司馬燮盤 eb936 正月 蔡大司馬燮匜 mx0997 正月		
		蔡侯龖尊 06010 正月 蔡侯龖盤 10171 正月	蔡侯紐鐘 00210.1 正五月 蔡侯紐鐘 00211.1 正五月	蔡侯紐鐘 00217.1 正五月 蔡侯紐鐘 00218.1 正五月	蔡侯鎛 00220.1 正五月 蔡侯鎛 00222.1 正五月
曾		蔡			

			 廳公彭宇簠 04610 正十又一月 廳公彭宇簠 04611 正十又一月		
					 蔿兒罍 xs1187 正月
 蔡大師鼎 02738 正月  蔡叔季之孫貫匜　10284 正月	 蔡侯簠g xs1896 正月  蔡侯簠q xs1896 正月	 蔡侯簠 xs1897 正月  蔡侯簠 ms0582 正月	 彭啓簠丙g ww2020.10 止月  彭啓簠丙q ww2020.10 正月	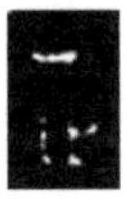 申文王之孫簠 mt05943 正丨月  丁兒鼎蓋 xs1712 正十月	
蔡			CE		

上都公敄人簋蓋 04183 正二月		鄂侯夫人鼎 jjmy004 正月 鄂侯鼎 ms0230 正月			
上都公簠g xs401 正月 上都公簠q xs401 正月	上都府簠 04613.1 正六月 上都府簠 04613.2 正六月	鄝膚簠 mx0500 正月	叔師父壺 09706 正月 鬻君季聰鑑 mx0535 正月	登鐸 mx1048 正月 [石阝]子栽盤 xs1372 正月	侯孫老簠 g ms0586 正月 侯孫老簠 q ms0586 正月
		侯古堆鎛 xs276 正月 侯古堆鎛 xs277 正月	侯古堆鎛 xs278 正月 侯古堆鎛 xs279 正月	侯古堆鎛 xs280 正月 侯古堆鎛 xs281 正月	侯古堆鎛 xs282 正月 義子鼎 eb308 正月
CE					

楚嬴盤 10148 正月	楚太師登鐘 mt15511a 正月	楚太師登鐘 mt15513a 正月	楚太師登鐘 mt15516a 正月	楚太師鄧子鎛 mx1045 正月	楚王鐘 00072 正月
楚嬴匜 10273 正月	楚太師登鐘 mt15512a 正月	楚太師登鐘 mt15514a 正月	楚太師登鐘 mt15518a 正月	楚王領鐘 00053.1 正月	考叔指父簠 04608.1 正月
以鄧匜 xs405 正月	以鄧鼎q xs406 正月	楚屈子赤目簠 xs1230 正月	何次簠 xs402 正月	何次簠q xs403 正	何次簠q xs404 正月
以鄧鼎g xs406 正月	楚屈子赤目簠 04612 正月	東姬匜 xs398 正月	何次簠g xs403 正月	何次簠g xs404 正月	仲改衛簠 xs399 正月
樂書缶 10008.1 正月					
樂書缶 10008.2 正月					

楚

考叔𢨋父簠 04609.1 正月 考叔𢨋父簠 04609.2 正月	 塞公孫𢨋父匜 10276 正月  中子化盤 10137 用正(征)莒				
 仲改衛簠 xs400 正月  孟縢姬缶 10005 正月	 孟縢姬缶 xs416 正月  敬事天王鐘 00073 正月	 敬事天王鐘 00075 正月  敬事天王鐘 00076 正月	 敬事天王鐘 00078.1 正月  敬事天王鐘 00080.1 正月	 楚王媵嬭加缶 kg2020.7 正月  王孫誥鐘 xs418 正月	 王孫誥鐘 xs419 正月  王孫誥鐘 xs420 正月
楚					

王孫誥鐘 xs421 正月	王孫誥鐘 xs423 正月	王孫誥鐘 xs426 正月	王孫誥鐘 xs428 正月	王孫誥鐘 xs430 正月	王孫誥鐘 xs435 正月
王孫誥鐘 xs422 正月	王孫誥鐘 xs425 正月	王孫誥鐘 xs427 正月	王孫誥鐘 xs429 正月	王孫誥鐘 xs434 正月	王孫誥鐘 xs433 正月

楚

 王孫誥鐘 xs443 正月  王孫遺者鐘 00261.1 正月	 楚王鼎g mt02318 正月  楚王鼎q mt02318 正月	 楚王鼎 mx0188 正月  楚王鼎 mx0210 正月	 發孫虜鼎g xs1205 正月 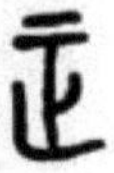 發孫虜鼎q xs1205 正月	 發孫虜簠 xs1773 正月	 王子吴鼎 02717 正月  王子吴鼎 mt02343b 正月

楚

王子午鼎 02811.2 正月 王子午鼎q xs444 正月	王子午鼎 xs445 正月 王子午鼎 xs446 正月	王子午鼎q xs447 正月 王子午鼎 xs449 正月	童麗君柏�q mx0494 正月 童麗君柏匿g mx0494 正月	童麗君柏匿g mx0495 正月 童麗君柏匿q mx0495 正月	童麗君柏鐘 mx1016 正月 童麗君柏鐘 mx1017 正月
競孫旟也鬲 mt03036 正月 競孫不服壺 mt12381 正月	郳夫人孎鼎 mt02425 正月				
楚			鍾離		

童麗君柏鐘 mx1018 正月 童麗君柏鐘 mx1019 正月	童麗君柏鐘 mx1020 正月 童麗君柏鐘 mx1021 正月	童麗君柏鐘 mx1022 正月 童麗君柏鐘 mx1023 正月	童麗君柏鐘 mx1024 正月 季子康鎛 mt15787a 正月	季子康鎛 mt15788a 正月 季子康鎛 mt15789a 正月	季子康鎛 mt15790a 正月 季子康鎛 mt15791a 正月
九里墩鼓座 00429.1 正月					

鍾離

宜桐盂 10320 正月	庚兒鼎 02715 正月 庚兒鼎 02716 正月				
郐王義楚觶 06513 正月 沇兒鎛 00203.1 正月	徐王子旃鐘 00182.1 止月 余贎逐兒鐘 00183.1 正九月	余贎逐兒鐘 00185.1 正九月 郐諮尹征城 00425.1 正月	郐𪘀尹譬鼎 02766.1 正月 郐𪘀尹譬鼎 02766.2 正月	之乘辰鐘 xs1409 正十月	遷邟鐘 mt15520 正月 遷邟鐘 mt15521 正月
徐					舒

		 者濫鐘 00193 正月  者濫鐘 00194 正月	 者濫鐘 00195 正月  者濫鐘 00196 正月	 者濫鐘 00197.1 正月 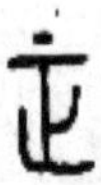 者濫鐘 00198.1 正月	 者濫鐘 00199 正[月]
 遷邟鎛 mt15796 正月  遷邟鎛 mt15794 正月	 遷邟鐘 mx1027 正月  夫欧申鼎 xs1250 正月	 臧孫鐘 00093 正月  臧孫鐘 00094 正月	 臧孫鐘 00095 正月  臧孫鐘 00096 正月	 臧孫鐘 00097 正月  臧孫鐘 00098 正月	 臧孫鐘 00099 正月  臧孫鐘 00100 正月
舒		吳			

				 王孫壽甗 00946 正月  華母壺 09638 正月	
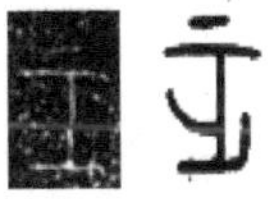 者減鐘 00201 正月  者減鐘 00202 正月				 鐘伯侵鼎 02668 正月  公父宅匜 10278 正月	 痵鼎 02569 正月  嘉子孟嬴指缶 xs1806 正月
 臧孫鐘 00101 正月 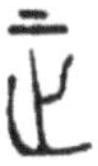 冉鉦鉞 00428 正月	 姑馮昏同之子句鑃　00424.1 正月  其次句鑃 00421 唯正初吉丁亥	 其次句鑃 00422A 唯正初吉丁亥  者尚余卑盤 10165 正月	 越王者旨於睗鐘　00144 正月	 揚鼎 mt02319 正月  要君盂 10319 正月	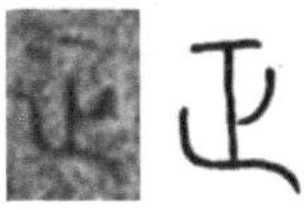 伯怡父鼎 eb312 正月  伯怡父鼎 eb313 正月
吴	越				

是

		 晉姜鼎 02826 三壽是利		 鄭義伯鑐q 09973 孫子是永寶	 陳公子甗 00947 子孫是尚(常)
 子季□盆 10339 正九月	 秦公簋 04315.1 萬民是敕  盄和鐘 00270.2 萬姓是敕				
 公孫疕戈 mx1233 正月 痯父匜 mt14986 正月			 杕氏壺 09715 可(荷)是金智	 哀成叔鼎 02782 嘉是唯哀成叔	
	秦	晉	燕	鄭	陳

 鼄公牼鐘 00149 分器是持  鼄公牼鐘 00150 分器是持	 鼄公牼鐘 00151 分器是持  鼄公華鐘 00245 邾邦是保	 邾公孫班鎛 00140 [illegible][illegible]是保	 郳公鞁父鎛 mt15815 永者是保 郳公鞁父鎛 mt15816 永者是保	 郳公鞁父鎛 mt15817 永者是保 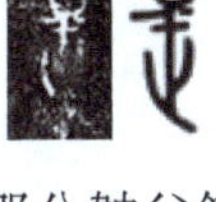 郳公鞁父鎛 mt15818 永者是保	 司馬楙鎛 eb50 子孫萬年是保
邾			郳		滕

<table>
<tr><td></td><td></td><td></td><td></td><td></td><td></td></tr>
<tr><td>鄀公典盤
xs1043
室家是保</td><td> 齊侯鎛
00271
余四事是以 

齊侯鎛
00271
是辝可事</td><td> 叔夷鐘
00276.2
是辟于齊侯之所 

叔夷鐘
00276.2
是小心恭適</td><td> 叔夷鎛
00285.6
是辟于齊侯之所 

叔夷鎛
00285.6
是小心恭適</td><td></td><td> 此余王鼎
mx0220
永寶是尚</td></tr>
<tr><td></td><td></td><td></td><td></td><td> 簷太史申鼎
02732
子孫是若</td><td> 賈孫叔子屖盤
mt14512
室家是保</td></tr>
<tr><td>鄀</td><td colspan="3">齊</td><td>莒</td><td>D</td></tr>
</table>

 黃子季庚臣簠 ms0589 永寶是尚	 曾伯霥壺 ms1069 余是楙是則  曾伯霥壺 ms1069 余是楙是則	 曾子斿鼎 02757 百民是奠			
 伯亞臣鐳 09974 永寶是尚 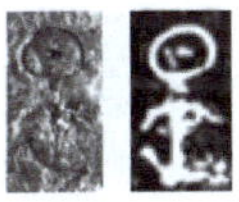 伯遊父卮 mt19239b 永寶是尚	 曾公畎鎛鐘 jk2020.1 受是丕寍  曾公畎甬鐘 A jk2020.1 受是丕寍	 曾公畎甬鐘 B jk2020.1 受是丕寍			
	 曾侯鐘 mx1025 弗戠(討)是無(許)	 曾侯與鐘 mx1029 楚命是争(請)  曾侯與鐘 mx1029 余萬世是尚	 蔡侯龖尊 06010 禋享是以  蔡侯龖盤 10171 禋享是以	  蔡侯紐鐘 00210.1 天命是遅 蔡侯紐鐘 00217.1 天命是遅	 蔡侯鎛 00220.1 天命是遅
黃	曾		蔡		

鷔君季𩕳鑑 mx0535 永寶是尚 登鐸 mx1048 永保是尚	王子午鼎 02811.2 子孫是制 王子午鼎 xs444q 子孫是制	王子午鼎 xs445 子孫是制 王子午鼎 xs446 子孫是制	王子午鼎 xs447q 子孫是制 王子午鼎 xs449 子孫是制	季子康鎛 mt15788b 柏之季康是良 季子康鎛 mt15788b 永保是[尚]	季子康鎛 mt15789b 柏之季康是良 季子康鎛 mt15789b 永保是尚
	競孫旟也鬲 mt03036 子孫是則 競孫不服壺 mt12381 子孫是則	欒書缶 10008.2 萬世是寶		九里墩鼓座 00429.3 永祀是抈	
CE	楚			鍾離	

			郐王鼎𦢊鼎 02675 世世是若		
季子康鎛 mt15790b 柏之季康是良 季子康鎛 mt15790b 永保是尚	季子康鎛 mt15791b 永保是尚				
		余贎逐兒鐘 00183.1 後民是語 余贎逐兒鐘 00184.1 後民是語	郐諧尹征城 00425.2 士余是尚	遷邟鐘 mt15520 余鏞鏐是擇 遷邟鎛 mt15794 余鏞鏐是擇	遷邟鎛 mt15796 余鏞鏐是擇
鍾離		徐		舒	

	 者𣳚鐘 00194 永保是尚  者𣳚鐘 00195 永保是尚	 者𣳚鐘 00197.2 永保是尚  者𣳚鐘 00198.2 永保是尚			
 遷邟鐘 mx1027 余鏞鏐是擇	 臧孫鐘 00094 永保是從  臧孫鐘 00095 永保是從	 臧孫鐘 00096 永保是從  臧孫鐘 00098 永保是從	 臧孫鐘 00100 永保是從  臧孫鐘 00101 永保是從	 配兒鉤鑃 00427.2 先人是訏	 邗王是埜戈 xs1638 邗王是埜作爲元用  邗王是埜戈 11263.1 邗王是埜作爲元用
舒	吴				

逵　　邁

 冶仲考父壺 09708 永寶是尚					 内大子白簠蓋 04537 邁(萬)年  内大子白簠蓋 04538 邁(萬)年
	 子犯鐘 xs1021 逨(率)西之六師	 庚壺 09733.1B 庚銜(率)二百乘舟	 作司□匜 10260 用逨(率)用□	 秦公簋 04315.1 邁(萬)民是敕	
 要君盂 10319 [永]寶是尚					
	晋	齊		秦	芮

内太子白鼎 02496 邁(萬)年	内大子白壺 09645.1 邁(萬)子孫永用享	芮太子白鬲 mt02981 儷(萬)寶鬲	芮太子白鬲 mt02898 儷(萬)寶鬲	國子碩父鬲 xs48 邁(萬)年	城父匜 mt14927 邁(萬)年
内大子白壺蓋 09644 邁(萬)子孫永用享	芮子仲殿鼎 mt02125 蠆(萬)年	芮太子白鬲 mt02980 儷(萬)寶鬲		國子碩父鬲 xs49 邁(萬)年	
芮				虢	

 虞侯政壺 09696 邁(萬)年	 燕仲鬲 kw2021.3 邁(萬)年	 鄭饔原父鼎 02493 邁(萬)年	 陳侯作嘉姬㲃 03903 邁(萬)年	 杞子每刃鼎 02428 邁(萬)年 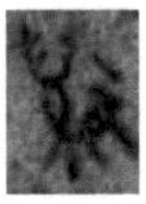 杞伯每刃簋 mt04860 邁(萬)年	 魯仲齊鼎 02639 邁(萬)年  魯伯匜 10222 邁(萬)年
		 與兵壺g eb878 邁(萬)世  與兵壺q eb878 邁(萬)世			
虞	燕	鄭	陳	杞	魯

<table>
<tr>
<td> 禽簋
hx2022.2
邁(萬年</td>
<td>圓君婦媿需壺
mt12353
邁(萬)年 

圓君鼎
02502
邁(萬)年</td>
<td>圓君婦媿需壺
ms1055
年邁(萬)</td>
<td> 齊伯里父匜
mt14966
邁(萬)年 

齊侯匜
10272
蠆(萬)年</td>
<td></td>
<td></td>
</tr>
<tr>
<td></td>
<td></td>
<td></td>
<td> 齊侯鎛
00271
蠆(萬)年 

齊侯鎛
00271
世萬至於辝孫子</td>
<td> 齊侯盂
10318
蠆(萬)年</td>
<td> 叔夷鐘
00277.2
蠆(萬)福純魯 

叔夷鐘
00278
蠆(萬)年</td>
</tr>
<tr>
<td></td>
<td></td>
<td></td>
<td> 洹子孟姜壺
09730
蠆(萬)年 

洹子孟姜壺
09729
蠆(萬)年</td>
<td> 齊侯作孟姜敦
04645
蠆(萬)年</td>
<td> 齊侯匜
10283
蠆(萬)年 

齊侯盤
10159
蠆(萬)年</td>
</tr>
<tr>
<td>魯</td>
<td colspan="2">郳</td>
<td colspan="3">齊</td>
</tr>
</table>

	㠱侯簋 xs1462 薑(萬)年	哀鼎g mt02311 薑(萬)年 哀鼎q mt02311 薑(萬)年	夆叔盤 10163 薑(萬)年 夆叔匜 10282 薑(萬)年		黄季鼎 02565 邁(萬)年
叔夷鎛 00285.7 薑(萬)福純魯 叔夷鎛 00285.8 薑(萬)年				華孟子鼎 mx0207 薑(萬)年	
齊侯鼎 mt02363 薑(萬)年 慶叔匜 10280 薑(萬)年				賈孫叔子屖盤 mt14512 薑(萬)年	
齊	㠱		逢	D	黄

 曾仲大父螽𣪕 04203 邁(萬)年  曾仲大父螽𣪕 04204.1 邁(萬)年	 曾仲大父螽𣪕 04204.2 邁(萬)年  曾伯鬲 xs1217 ⿱萬土(萬)年	 曾伯霥簠 04631 ⿰彳萬(萬)年  曾伯霥簠 04632 ⿰彳萬(萬)年		 上鄀公敄人簋蓋　04183 ⿰彳萬(萬)年	 伯戔盤 10160 邁(萬)年  伯戔盆g 10341 邁(萬)年
			 鄝中姬丹盤 xs471 邁(萬)年  鄝中姬丹匜 xs472 邁(萬)年		
			 蔡大師鼎 02738 邁(萬)年  蔡叔季之孫貫匜　10284 邁(萬)年		
曾			蔡	CE	

 王孫誥鐘 xs418 邁(萬)年  王孫誥鐘 xs419 邁(萬)年	 王孫誥鐘 xs420 邁(萬)年  王孫誥鐘 xs421 邁(萬)年	 王孫誥鐘 xs424 邁(萬)年  王孫誥鐘 xs426 邁(萬)年	 王孫誥鐘 xs427 邁(萬)年  王孫誥鐘 xs428 邁(萬)年	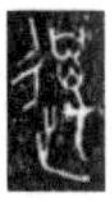 王孫誥鐘 xs429 邁(萬)年  王孫誥鐘 xs431 邁(萬)年	 王孫誥鐘 xs437 邁(萬)年  王孫誥鐘 xs438 邁(萬)年
 復公仲壺 09681 邁(萬)壽用之  復公仲簋蓋 04128 邁(萬)年					
楚					

		  彔簋蓋甲 mx0392 ⿱萬土(萬)年 彔簋蓋乙 mx0393 ⿱萬土(萬)年	 單伯[illegible]父鬲 00737 邁(萬)年  竇侯盤 ms1205 ⿰彳萬(萬)年	 爲甫人盨 04406 邁(萬)歲  爲甫人鼎 mt02064 邁(萬)歲	 售仲之孫簋 04120 ⿱萬土(萬)年  伯索史盂 10317 邁(萬)年
 王孫誥鐘 xs442 邁(萬)年  王孫誥鐘 xs422 ⿰彳萬(萬)年	 王孫誥鐘 xs425 ⿰彳萬(萬)年			 □偖生鼎 02632 邁(萬)年  □偖生鼎 02633 邁(萬)年	 公父宅匜 10278 ⿰彳萬(萬)年
楚					

徒

<table>
<tr><td> 虢大子元徒戈
11116
元徒戈 

虢大子元徒戈
11117
元徒戈</td><td> 吴叔徒戈
xs978
徒戈</td><td></td><td> 魯司徒仲齊盨
04440.1
司仕(徒) 

魯司徒仲齊盨
04440.2
司仕(徒)</td><td> 魯司徒仲齊盨
04441.1
司仕(徒) 

魯司徒仲齊盨
04441.2
司仕(徒)</td><td> 魯司徒仲齊盤
10116
司仕(徒) 

魯司徒仲齊匜
10275
司仕(徒)</td></tr>
<tr><td></td><td></td><td></td><td> 魯大司徒厚氏元簠 04689
大司徒 

魯大司徒厚氏元簠 04690.1
大司徒</td><td> 魯大司徒厚氏元簠 04690.2
大司徒 

魯大司徒厚氏元簠 04691.1
大司徒</td><td> 魯大司徒厚氏元簠 04691.2
大司徒 

魯大左嗣徒元鼎 02592
大左司徒</td></tr>
<tr><td></td><td></td><td> 許公戈
eb1144
走(徒)戈</td><td></td><td></td><td></td></tr>
<tr><td>虢</td><td>虞</td><td>許</td><td colspan="3">魯</td></tr>
</table>

魯	滕	齊		D	吴
魯大司徒子仲白匜　10277 大司仕(徒)		國子山壺 mt12270 大司徒			
魯大左嗣徒元鼎　02593 大左司徒 魯大司徒元盂 10316 大司徒		叔夷鐘 00273.1 勠龢三軍徒遹 叔夷鐘 00273.2 陶鐵徒四千	叔夷鎛 00285.2 勠龢三軍徒遹 叔夷鎛 00285.3 陶鐵徒四千	左徒戈 10971 左徒戈	
	滕司徒戈 11205 司徒	陳子戈 11084 徒戟 陳爾戈 xs1499 徒戈	武城戈 11024 徒戈		冉鉦鋮 00428 余以征訇徒

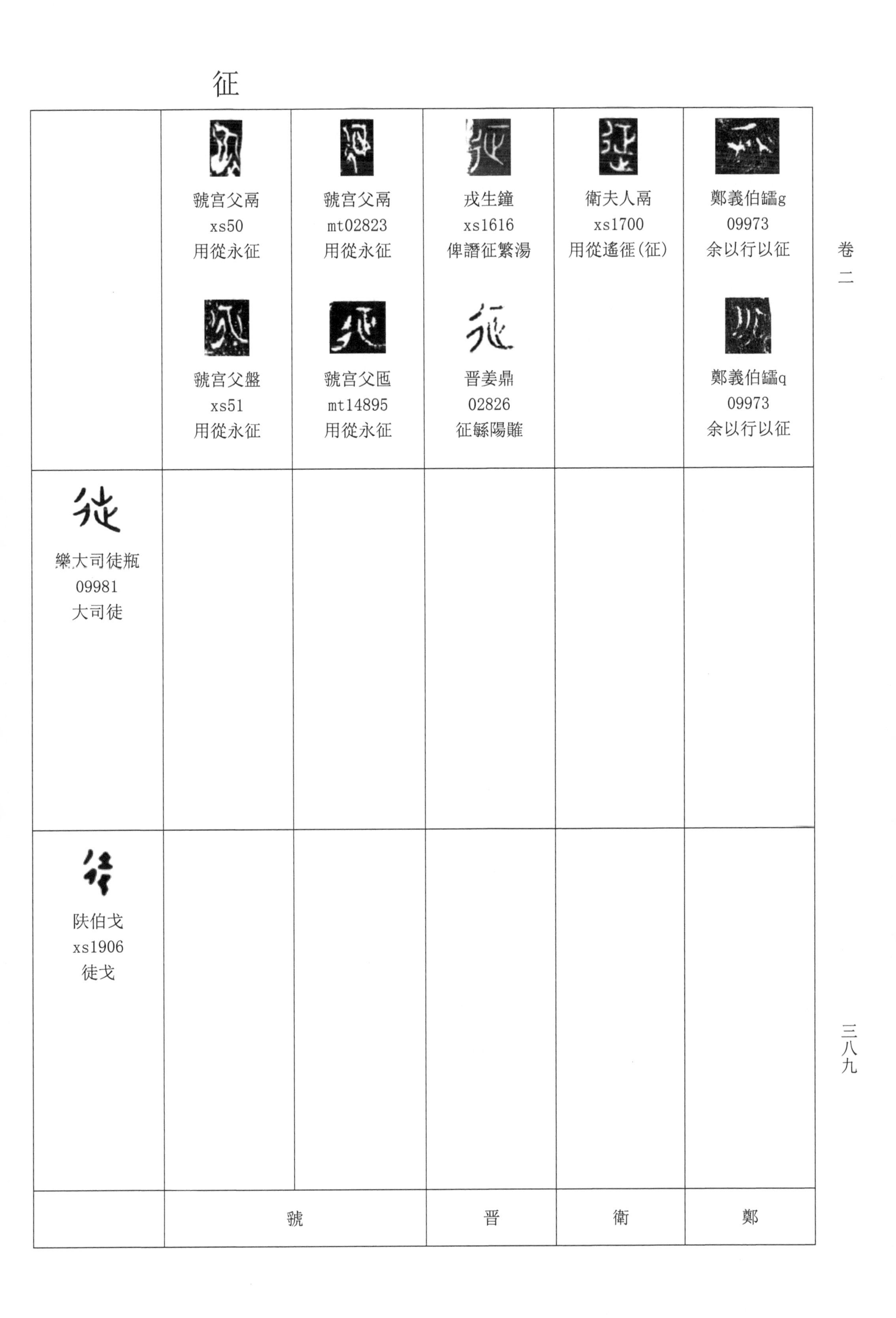

征

	虢宮父鬲 xs50 用從永征 虢宮父盤 xs51 用從永征	虢宮父鬲 mt02823 用從永征 虢宮父匜 mt14895 用從永征	戎生鐘 xs1616 俾譖征繁湯 晋姜鼎 02826 征緐陽𨻰	衛夫人鬲 xs1700 用從遙征(征)	鄭義伯𦉜g 09973 余以行以征 鄭義伯𦉜q 09973 余以行以征
欒大司徒瓶 09981 大司徒					
陕伯戈 xs1906 徒戈					
	虢		晋	衛	鄭

陳公子甗 00947 用征用行	侯母壺 09657.1 用征行 侯母壺 09657.2 用征行		㠱伯子𡨦父盨 04442.1 延(征)盨 㠱伯子𡨦父盨 04442.1 以延(征)以行	㠱伯子𡨦父盨 04442.2 以延(征)以行 㠱伯子𡨦父盨 04443.1 延(征)盨	㠱伯子𡨦父盨 04443.1 以延(征)以行 㠱伯子𡨦父盨 04443.2 延(征)盨
		簷太史申鼎 02732 用延(征)以迮 鄘平壺 xs1088 用征以□			
陳	魯	莒	㠱		

曩伯子宼父盨 04443.2 以延(征)以行	曩伯子宼父盨 04444.1 以延(征)以行	曩伯子宼父盨 04444.2 以延(征)以行	曩伯子宼父盨 04445.1 以延(征)以行	曩伯子宼父盨 04445.2 以延(征)以行	哀鼎q mt02311 用征用行
曩伯子宼父盨 04444.1 延(征)盨	曩伯子宼父盨 04444.2 延(征)盨	曩伯子宼父盨 04445.1 延(征)盨	曩伯子宼父盨 04445.2 延(征)盨	哀鼎g mt02311 用征用行	

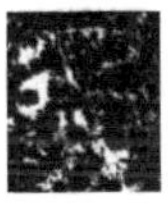

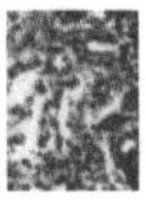

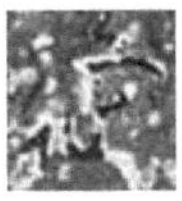

曩

	曾伯霥簠 04631 以征以行 曾伯霥簠 04632 以征以行	曾伯文鐳 09961 用征行 孟爾克母簠g ms0583 征(正)月			
伯亞臣鐳 09974 用征					登鐸 mx1048 以延(征)以行
	曾季关臣盤 eb933 以征以行		彭啓簠甲 ww2020.10 以延(征)以行 彭啓簠丙g ww2020.10 以延(征)以行	彭啓簠丙q ww2020.10 以延(征)以行	
黃	曾		CE		

述

	㝬仲甗 00933 □(用)征用行 叔夜鼎 02646 以征以行	爲甫人盨 04406 用征用行 爲甫人鼎 mt02064 用征用行			
庚兒鼎 02715 用征用行 庚兒鼎 02716 用征用行	王孫叔諲甗 mt03362 以征以行				
郐諧尹征城 00425.1 征城			侯古堆鎛 xs276 述(遂)以之逝 侯古堆鎛 xs277 述(遂)以之逝	侯古堆鎛 xs278 述(遂)以之逝 侯古堆鎛 xs279 述(遂)以之逝	侯古堆鎛 xs281 述(遂)以之逝 侯古堆鎛 xs282 述(遂)以之逝
徐			CE		

適　　　　造

		 秦子戈 11352a 秦子作窹(造) 中辟元用  秦子戈 11353 秦子作窹(造) 中辟元用	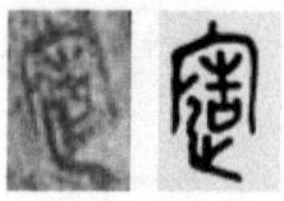 秦子戈 xs1350 秦子作窹(造) 左辟元用  秦子戈 mt17209 秦子作窹(造) 公族元用	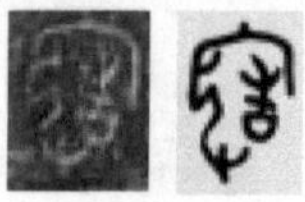 秦政伯喪戈 eb1248 作窹(造)左辟 元戈  秦政伯喪戈 eb1249 作窹(造)左辟 元戈	 芮公昚父壺 ms1046 作窹(造)寶尊
 曾公畩鎛鐘 jk2020.1 適于漢東  曾公畩甬鐘 A jk2020.1 適于漢東	 曾公畩甬鐘 B jk2020.1 適于漢東				
曾		秦			芮

<table>
<tr><td></td><td></td><td></td><td></td><td></td><td>曹公子沱戈
11120
曹公子沱之鋯(造)戈</td></tr>
<tr><td>趙焦犳戈
mx1218
作寶(造)戈三百</td><td>單子戈
ms1380
單子作戠（造）</td><td></td><td></td><td></td><td>曹右庇戈
11070
曹右庇散(造)戈</td></tr>
<tr><td>韓鍾劍
11588
韓鍾之鐰(造)劍</td><td></td><td>宋公差戈
11204
宋公佐之賠(造)戈
宋公差戈
11281
所賠(造)茆族戈</td><td>宋公差戈
11289
所賠(造)不昜族戈</td><td>宋公得戈
11132
宋公得之賠(造)戈
宋公緣戈
11133
宋公欒之賠(造)戈</td><td></td></tr>
<tr><td>晉</td><td>單</td><td colspan="3">宋</td><td>曹</td></tr>
</table>

					郜造譴鼎 02422 郜遖(造)譴作寶鼎
		邾太師戈 sh809 邾大師□□之䚖戈			
羊子戈 11089 羊子之䚖(造)戈 羊子戈 11090 羊子之䚖(造)戈	羊子戈 ss1991.5.47 羊子之䚖(造)戈	邾大司馬戈 11206 邾大𤔲馬之䚖(造)戈	滕侯吳戈 11123 滕侯昃之䢼(造)戈 滕侯耆戈 11078 滕侯者之䚖(造)	滕侯吳戈 11079 滕侯昃之䚖(造) 滕侯耆戈 11077 滕侯者之䚖(造)	
魯		邾	滕		郜

 高密戈 11023 高密⿰戈告(造)戈					
 陳□造戈 11034 陳卯鋯(造)戈 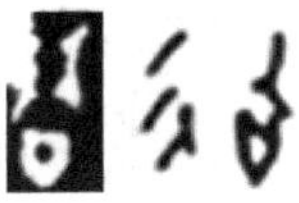 平阿右戟 xs1542 平阿右造戟 (戟)	 簷太史申鼎 02732 作其造(竈)鼎 十	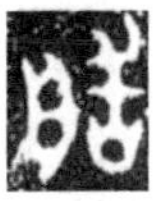 淳于公戈 11124 淳公之𩟰艁 (造)  淳于公戈 11125 淳于公之𩟰艁 (造)	 淳于戈 xs1110 淳于左艁(造)  淳于右戈 xs1069 淳于右艁(造)	 淳于公戈 ms1426 淳于公之左艁 (造)	 左之造戈 10968 左之艁(造) 䦧丘爲鵙造戈 11073 閭丘爲鵙造
齊	莒	淳于			D

			郢侯戈 11202 郢侯之竈(造)戈		
				豫少鉤庫戈 11068 豫小鉤庫鋯(造)	矾子氏壺 ms1043 矾子氏之敳(造)壺
□子戈 11080 [illegible]子之艁(造)戈 □子之造戈 sh20.11.2 □子之艁戈	媿戈 ms1383 媿之寎(造)戈	番仲戈 11261 作伯皇之散(造)戈	龏王之卯戈 mt17058 共王之卯之戠(造)戈	徹子戈 11076 徹子之艁(造)戈	□造戈 10962 □造 郯竝果戈 xs1485 郯竝果之散(造)戈
D		番	楚		

		迮	遄	速	逜
				 叔家父簠 04615 用速先後諸兄	
 君子翻戟 11088 君子翻造戟 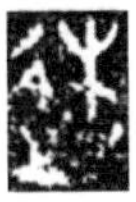 郘州戈 11074 豫州左庫造	 䣄之王戈 mx1110 䣄之王偖(造)	 簷太史申鼎 02732 用征以迮	 洹子孟姜壺 09729 遄傳□御  洹子孟姜壺 09730 遄傳□御		 楚子逜鼎 02231 楚子逜
		莒	齊		楚

逆	⿺辶交	通		徙	還
		 晉姜鼎 02826 俾貫通□	 亟公戈 11280 亟(通)公之元戈		
	 曾子叔交戈 ms1422 曾子叔⿺辶交之執				 右泃州還矛 11503 右泉州⿰彳睘(縣)
 吴王壽夢之子劍 xs1407 余親逆攻之				 鄭莊公之孫盧鼎 mt02409 其遷于下都	
吴	曾	晉		鄭	燕

遣

	 戎生鐘 xs1616 劼(嘉)遣鹵責(漬)  晉姜鼎 02826 嘉遣我	 仲考父盤 jk2020.4 遣爾盤匜	 郜譴簋 04040.1 郜遣作寶簋  郜譴簋 04040.2 郜遣作寶簋	 郜譴簋 mt05022 郜遣作寶簋  郜遣盤 sh668 郜遣乍寶盤	 郜造譴鼎 02422 郜遣遣作寶鼎
  司馬楙鎛 eb49 儇儇(煢煢)□□					
滕	晉	黎	郜		

遲

王孫誥鐘 xs418 温恭猒遅(遲)	王孫誥鐘 xs420 温恭猒遅(遲)	王孫誥鐘 xs422 温恭猒遅(遲)	王孫誥鐘 xs424 温恭猒遅(遲)	王孫誥鐘 xs426 温恭猒遅(遲)	王孫誥鐘 xs428 温恭猒遅(遲)
王孫誥鐘 xs419 温恭猒遅(遲)	王孫誥鐘 xs421 温恭猒遅(遲)	王孫誥鐘 xs423 温恭猒遅(遲)	王孫誥鐘 xs425 温恭猒遅(遲)	王孫誥鐘 xs427 温恭猒遅(遲)	王孫誥鐘 xs429 温恭猒遅(遲)

楚

		適		達	
王孫誥鐘 xs430 温恭㝬遟(遲) 王孫誥鐘 xs432 温恭㝬遟(遲)	王孫誥鐘 xs439 温恭㝬遟(遲) 王孫誥鐘 xs440 温恭㝬遟(遲)	曾公𠹌鎛鐘 jk2020.1 適懷多福 曾公𠹌甬鐘 A jk2020.1 適懷多福	曾公𠹌甬鐘 B jk2020.1 適懷多福	齊侯鎛 00271 侯氏從達之曰 叔尸鐘 00277 達而倗剌	叔尸鎛 00285 達而倗剌
楚		曾		齊	

連

	 連迂鼎 02083 連迂之御堯  連迂鼎 mt01468 連迂之行鼾	 連迂鼎 02084.1 連迂之行鼾  連迂鼎 02084.2 連迂之行鼾			
 曾侯與鐘 mx1029 達殷之命			 能原鎛 00155.1 大□□連諸夷  能原鎛 00155.2 □連小禦□曰□□	 能原鎛 00155.2 連祈小  能原鎛 00156.2 連余大邾	 忾不余席鎮 mx1385 厥大故小連
曾	曾		越		

遺　　遂　　追

		 魯伯悆盨 04458.1 䢓(追)孝  魯伯悆盨 04458.2 䢓(追)孝	 邿譴簋 04040.1 追孝于其父母  邿譴簋 04040.2 追孝于其父母	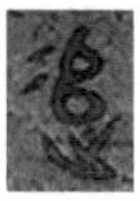 邿譴簋 mt05022 追孝于其父母  邿遣盤 sh668 追孝于其父母	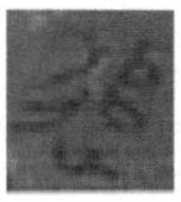  鄧公孫無忌鼎 xs1231 其用追孝朕皇高祖
 王孫遺者鐘 00261.1 王孫遺者	 齊侯鎛 00271 太事太遳(遂)太宰				
楚	齊	魯	邿		鄧

 曾仲大父蝨𣪘 04203 其用追孝于其皇考  曾仲大父蝨𣪘 04204.1 其用追孝于其皇考	 曾仲大父蝨𣪘 04204.2 其用追孝于其皇考  曾伯克父簋 ms0509 用追孝于我皇祖	 蜡公諴簠 04600 用追孝于皇祖  鄀公諴鼎 02753 用追享孝于皇祖考	 鄀公平侯鼎 02771 用追孝于厥皇祖  鄀公平侯鼎 02772 用追孝于厥皇祖		
					 連迁鼎 02083 連迁之御堯 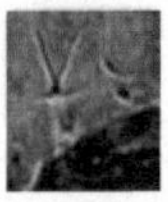 連迁鼎 mt01468 連迁之行䵸
				 余購逨兒鐘 00184.2 以道（追）孝先祖  余購逨兒鐘 00186.1 以道（追）孝先祖	
曾		CE		徐	曾

	逞	遠		逮	邍
		 晋姜鼎 02826 遠邇君子			 單伯邍父鬲 00737 單伯邍父
  連迁鼎 02084.1 連迁之行鬲 連迁鼎 02084.2 連迁之行鬲			 文公之母弟鐘 xs1479 朕猷遠邇		
	 吴季子之子逞劍　11640 吴季子之子逞  吴季子之子逞劍　mx1344 吴季子之子逞			 競孫旟也鬲 mt03036 正月逮(盡)期	
曾	吴	晋		楚	單

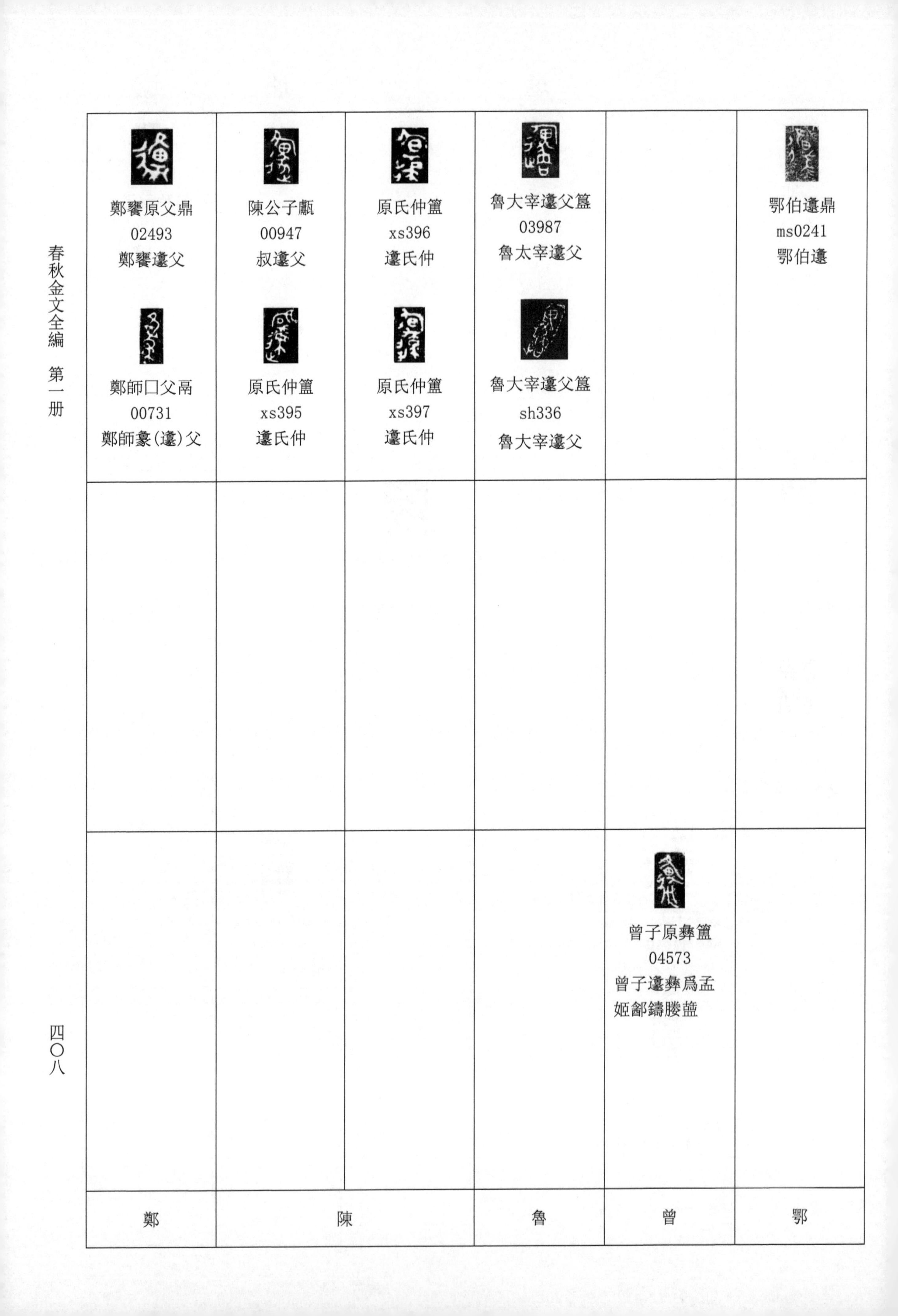

鄭	陳		魯	曾	鄂
鄭饔原父鼎 02493 鄭饔邍父 鄭師口父鬲 00731 鄭師豪(邍)父	陳公子甗 00947 叔邍父 原氏仲簠 xs395 邍氏仲	原氏仲簠 xs396 邍氏仲 原氏仲簠 xs397 邍氏仲	魯大宰邍父簋 03987 魯太宰邍父 魯大宰邍父簋 sh336 魯大宰邍父		鄂伯邍鼎 ms0241 鄂伯邍
				曾子原彝簠 04573 曾子邍彝爲孟姬鄬鑄賸簠	

道	遽		遥	迊	迖
曾伯霥簠 04631 金衜(道)鍚行 曾伯霥簠 04632 金衜(道)鍚行				郐大子鼎 02652 □于稟(橐)亜(次)	
			庚壺 09733 旬[illegible]舟[illegible]遙(陶)丘		
	洹子孟姜壺 09729 命大子乘徦(遽)來句宗白 洹子孟姜壺 09730 命大子乘徦(遽)來句宗白	夫欧申鼎 xs1250 甫遽公甚六			余贎逨兒鐘 00183.1 余迖斯于之孫 余贎逨兒鐘 00185.2 余迖斯于之孫
曾	齊	舒	齊	徐	徐

途			逑		逿
			伯克父鼎 ms0285 逑(仇)敵		
曾公畩鎛鐘 jk2020.1 隶(肆)衜(途)辝卹 曾公畩甬鐘A jk2020.1 隶(肆)衜(途)辝卹	曾公畩甬鐘B jk2020.1 隶(肆)衜(途)辝卹		曾公畩鎛鐘 jk2020.1 克逑(仇)匹周之文武 曾公畩甬鐘A jk2020.1 克逑(仇)匹周之文武	曾公畩甬鐘B jk2020.1 克逑(仇)匹周之文武 嬭加編鐘 kg2020.7 吾徠(仇)匹之	郳始鬲 00596 郳始逿母
		楚叔之孫途盉 09426 楚叔之孫途			
曾		楚	曾		郳

遟		遂		逨	迒
		季子康鎛 mt15788b 䆺䆺(穆穆)遂遂 季子康鎛 mt15790b 䆺䆺(穆穆)遂遂	季子康鎛 mt15791b 䆺䆺(穆穆)遂遂		
蔡侯紐鐘 00210.1 天命是遟 蔡侯紐鐘 00211.1 天命是遟	蔡侯紐鐘 00217.1 天命是遟 蔡侯鎛 00219.1 天命是遟			余購逨兒鐘 00183.2 余購遾(逨)兒 余購逨兒鐘 00184.1 余購遾(逨)兒	郘夫人嬭鼎 mt02425 孟甲在奎之迒 【王磊釋】
蔡		鍾離		徐	楚

䢈

唐子仲瀕兒匜 xs1209 御䢈匜	𪓑鐘 xs482b 䢈(會)平倉倉 𪓑鐘 xs483a 䢈(會)平倉倉	𪓑鐘 xs487b 䢈(會)平倉倉 𪓑鎛 xs489a 䢈(會)平倉倉	𪓑鎛 xs490a 䢈(會)平倉倉 𪓑鎛 xs491b 䢈(會)平倉倉	𪓑鎛 xs492b 䢈(會)平倉倉	沇兒鎛 00203.2 龢䢈(會)百姓
唐	楚				徐

邉			䢻	遌	
			秦公簋 04315.2 其嚴䢻(遄)各		
邉邟鐘 mt15520 尋楚猒之子邉邟 邉邟鐘 mt15521 尋楚猒之子邉邟	邉邟鎛 mt15794 尋楚猒之子邉邟 邉邟鎛 mt15796 尋楚猒之子邉邟	邉邟鐘 mx1027 尋楚猒之子邉邟		與兵壺 g eb878 鄭太子之孫遌(與)兵	曾子遌簠 04488 曾子遌 曾子遌簠 04489 曾子遌
舒			秦	鄭	曾

	䢐	𨘚			𨙶
	叔夷鐘 00273.2 䢐(陶)鐵徒四千 叔夷鎛 00285.3 䢐(陶)鐵徒四千	齊侯鎛 00271 𨘚仲之子 齊侯鎛 00271 皇考𨘚仲	叔夷鐘 00276.2 是小心恭𨘚 叔夷鎛 00285.6 是小心恭𨘚		曾夫人鬲 ms0306 𨙶鬲
曾子缶 09996 曾子遄		洹子孟姜壺 09729 爾其𨘚(躋)受御 洹子孟姜壺 09730 齊侯既𨘚(躋)		三兒簋 04245 其𨘚(躋)孟□	
曾	齊	齊		徐	曾

德

					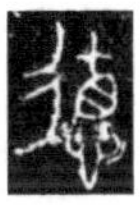 秦公鐘 00262 翼受明德  秦公鐘 00265 翼受明德
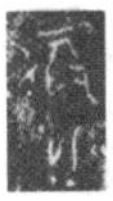 王子午鼎 02811.1 遷鼾  王子午鼎 02811.2 鬻彝遷鼎	 王子午鼎g xs444 遷鼾  王子午鼎q xs444 鬻彝遷鼎	 王子午鼎 xs445 鬻彝遷鼎  王子午鼎 xs446 鬻彝遷鼎	 王子午鼎 g xs447 遷鼾  王子午鼎q xs447 鬻彝遷鼎	 王子午鼎g xs449 遷鼾  王子午鼎 xs449 鬻彝遷鼎	 秦公簋 04315.1 穆穆帥秉明德  盄和鐘 00270.1 穆穆帥秉明德
楚					秦

秦	晉	齊		曾	
 秦公鎛 00268.2 龏翼受明德  秦公鎛 00269.2 翼受明德	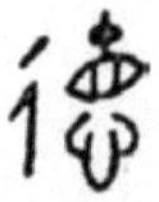 晉姜鼎 02826 經雍明德  晉姜鼎 02826 用享用德			 曾伯陭壺 09712.1 爲德無叚  曾伯陭壺 09712.5 爲德無叚	
	 晉公盆 10342 秉德皛皛(秩秩)  晉公盤 mx0952 秉德皛皛(秩秩)	 叔夷鐘 00272.2 政遽(德) 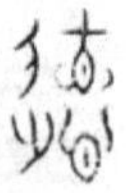 叔夷鐘 00279 政遽(德)	 叔夷鎛 00285.2 政遽(德)	 曾公𫊸鎛鐘 jk2020.1 小心有德 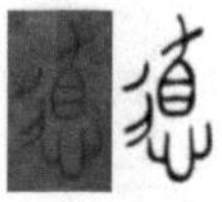 曾公𫊸甬鐘 A jk2020.1 小心有德	 曾公𫊸甬鐘 B jk2020.1 小心有德
				曾侯與鐘 mx1029 其純𢛳(德)降	

		 王子午鼎 02811.2 政遮(德)  王子午鼎 xs444q 政遮(德)	 王子午鼎 xs445 政遮(德)  王子午鼎 xs446 政遮(德)	 王孫遺者鐘 00261.2 政遮(德)  王孫誥鐘 xs418 政遮(德)	 王孫誥鐘 xs419 政遮(德)  王孫誥鐘 xs420 政遮(德)
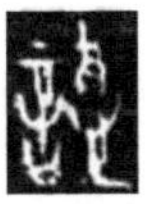 蔡侯紐鐘 00210.2 誕中厥譓(德)  蔡侯紐鐘 00211.2 誕中厥譓(德)	 蔡侯紐鐘 00217.2 誕中厥譓(德)				
蔡		楚			

 王孫誥鐘 xs421 政遷(德)	 王孫誥鐘 xs423 政遷(德)	 王孫誥鐘 xs426 政遷(德)	 王孫誥鐘 xs429 政遷(德)	 王孫誥鐘 xs434 政遷(德)	 王孫誥鐘 xs433 政德
 王孫誥鐘 xs422 政遷(德)	 王孫誥鐘 xs425 政遷(德)	 王孫誥鐘 xs427 政遷(德)	 王孫誥鐘 xs430 政遷(德)	 王孫誥鐘 xs432 政遷(德)	 王孫誥鐘 xs440 政遷(德)

楚

復

 叔家父簠 04615 慎遹(德)不亡(忘)					
	 子犯鐘 xs1008 來復其邦  子犯鐘 xs1020 來復其邦	 黃子壺 09663 霝終霝復<後>  黃子壺 09664 霝終霝復<後>	 曾公𠭯鎛鐘 jk2020.1 復我土疆 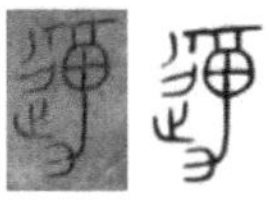 曾公𠭯甬鐘A jk2020.1 復我土疆	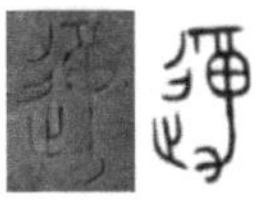 曾公𠭯甬鐘B jk2020.1 復我土疆	
			 曾侯與鐘 mx1029 逘(復)𡫑(定)楚王 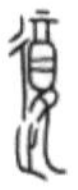 曾侯與鐘 mx1029 改逘(復)曾疆	 曾侯殘鐘 mx1031 改逘(復)曾疆	 復公仲壺 09681 復公仲  復公仲簋蓋 04128 復公仲
	晋	黄	曾		楚

 罿子鼎 mt02404A 其獲㞷(往)男子					 微乘簠 04486 造(微)乘鑄其寶簠
	 侯古堆鎛 xs279 子<孔>樂父㞷(兄)  叔皇之孫鈐敦 ms0593 叔㞷(往)之孫	 吴王光鐘 00224.5 㞷(往)巳(已)叔姬  吴王光鐘 00224.8 往…	 吴王光鐘 00224.10 往…  吴王光鑑 10298 往巳(已)叔姬	 吴王光鑑 10299 往巳(已)叔姬	
齊	CE		吴		

後

仲考父盤 jk2020.4 永害(匄)福爾後					
				後生戈 mt16535 逡(後)生戈	黃子鬲 00687 霝終霝後 黃子鼎 02566 霝終霝後
	杕氏壺 09715 [illegible]獵毋後	與兵壺q eb878 極于逡(後)民 與兵壺g eb878 極于逡(後)民	與兵壺 ms1068 極于逡(後)民		
黎	燕	鄭		D	黃

<table>
<tr><td></td><td></td><td></td><td></td><td></td><td></td></tr>
<tr><td>黃子豆
04687
霝終霝後

黃子豆
xs93
霝終霝後</td><td>黃子盉
09445
霝終霝夋(後)

黃子豆
ms0608
霝終霝後</td><td></td><td></td><td></td><td></td></tr>
<tr><td></td><td></td><td>郘夫人嬭鼎
mt02425
逡(後)民勿忘</td><td>余購逐兒鐘
00183.1
逡(後)民是語

余購逐兒鐘
00184.1
逡(後)民是語</td><td>之乘辰鐘
xs1409
徐王旨逡(後)

之乘辰鐘
xs1409
逡(後)孫勿忘</td><td>姑發諸樊之弟劍　xs988
子□其後</td></tr>
<tr><td colspan="2">黃</td><td>楚</td><td colspan="2">徐</td><td>吴</td></tr>
</table>

得

 叔家父簠 04615 用速先逡(後)諸兄			 伯克父鼎 ms0285 迺旻(得)吉金		
			 曾公得鋪 ms600 曾公得		
 中央勇矛 11566.1 五酉之後  中央勇矛 11566.2 □之後	 宋公得戈 11132 宋公旻(得)	 滕太宰得匜 xs1733 滕太宰淂(得)		  𨙸鐘 xs485a 余臣兒難淂(得) 𨙸鐘 xs498 余臣兒難淂(得)	  𨙸鎛 xs489b 余臣兒難淂(得) 𨙸鎛 xs490b 余臣兒難淂(得)
	宋	滕	曾	楚	

					 □鏞用戈 11334 戴大巢(酉)得臣
  鄬鎛 xs491a 余臣兒難退(得) 鄬鎛 xs493b 余臣兒難退(得)	 鄬鎛 xs495a 余臣兒難退(得)	 余購逐兒鐘 00184.1 余購逐兒得(得)吉金鎛鋁	 攻敔王光鐸 mx1047 攻敔王光初退(得)其壽金  吴王光帶鈎 mx1387 工吾王光初退(得)其壽金	 吴王光帶鈎 mx1388 工吾王光初退(得)其壽金  吴王光帶鈎 mx1390 工吾王光初退(得)其壽金	
楚		徐	吴		

御

 吳王御士簠 04527 吳王御士		 魯正叔盤 10124 御盤	 邾伯御戎鼎 02525 邾伯御戎		
	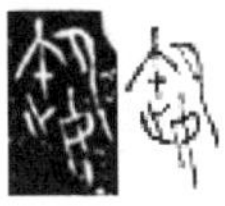 趙𠂤月戈 xs972 𡢁(御)戈				
				 滕太宰得匜 xs1733 御匜  滕侯昊敦 04635 御敦	 洹子孟姜壺 09729 遄傳□御  洹子孟姜壺 09729 爾其遹受御
虞	晋	魯	邾	滕	齊

<table>
<tr><td></td><td></td><td></td><td></td><td></td><td></td></tr>
<tr><td></td><td></td><td></td><td></td><td></td><td></td></tr>
<tr><td>洹子孟姜壺
09729
用御天子之事

洹子孟姜壺
09729
用御天子之事</td><td>洹子孟姜壺
09729
用御爾事

洹子孟姜壺
09730
遣傳□御</td><td>洹子孟姜壺
09730
爾其遵受御

洹子孟姜壺
09730
用御天子之事</td><td>洹子孟姜壺
09730
用御爾事</td><td>簷太史申鼎
02732
以御賓客</td><td>淳于公戈
xs1109
御戈</td></tr>
<tr><td colspan="4">齊</td><td>莒</td><td>淳于</td></tr>
</table>

		 連迂鼎 02083 御堯		 郘夫人孎鼎 mt02425 御湯	
 唐子仲瀕兒匜 xs1209 御逾匜  唐子仲瀕鈚 xs1210 御鈚(瓶)	 唐子仲瀕兒盤 xs1211 御盤	 曾侯與鐘 mx1034 俾士備御	 彭射缶 g mt14058 御缶  彭射缶 q mt14058 御缶	  邵方豆 04660 御盌(卮) 邵方豆 04661 御盌(卮)	 吴王夫差鑑 10294 御鑑  吴王夫差鑑 10295 御鑑
唐		曾	CE	楚	吴

					戎生鐘 xs1614 用𠭯不廷方
		嬭加編鐘 kg2020.7 楚既爲代(忒)	秦公簋 04315.2 鎮静(靖)不廷	秦公戈 mx1238 戮畏不廷 盄和鐘 00270.2 鎮静(靖)不廷	晋公盆 10342 至于不廷 晋公盤 mx0952 至于不廷
吴王夫差鑑 10296 御鑑 攻吴王夫差鑑 xs1477 御鑑	攻吴王夫差鑑 mx1000 御鑑 吴王夫差缶 mt14082 御缶				
吴		曾	秦		晋

建

	 戎生鐘 xs1614 用建于茲外土				
 倗戟 xs469 用燮不廷	 晉公盆 10342 建宅京師  晉公盤 mx0952 建宅京師		 曾公畎鎛鐘 jk2020.1 皇祖建于南土  曾公畎甬鐘 A jk2020.1 皇祖建于南土	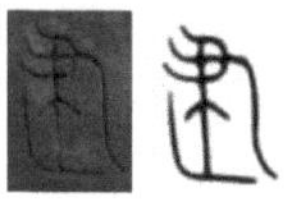 曾公畎甬鐘 B jk2020.1 皇祖建于南土	
		 武城戈 11025 武城建戈			 蔡侯紐鐘 00210.2 建我邦國  蔡侯紐鐘 00211.2 建我邦國
楚	晉	齊	曾		蔡

延

 蔡侯紐鐘 00217.2 建我邦國  蔡侯鎛 00221.2 建我邦國	 蔡侯鎛 00222.2 建我邦國	 奇字鐘 mt15176 □立建城鄒古	 宋右師延敦 CEB33001 宋右師延	 鵙公劍 11651 征(延)匋(寶)用之	 蔡侯紐鐘 00210.2 延(誕)中厥德  蔡侯紐鐘 00211.2 延(誕)中厥德
蔡		越	宋	D	蔡

行

蔡	楚	秦	虢	衛	
			虢宮父鬲 mt02823 行鬲	 衛夫人鬲 00595 行鬲 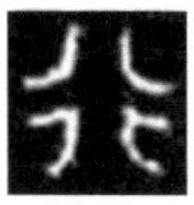 衛夫人鬲 xs1700 行鬲	 衛夫人鬲 xs1701 行鬲
	 王孫遺者鐘 00261.2 征(誕)永余德(值)	 仲滋鼎 xs632 仲滋正衍(行)			
 蔡侯紐鐘 00217.2 延(誕)中厥德  蔡侯鎛 00221.2 延(誕)中厥德					

燕太子簋 kw2021.3 行簋 左行議戈 ms1402 左行議			鄭義伯鑘 09973.1 余以行以□ 鄭義伯鑘 09973.2 余以行以□		陳公子甗 00947 用征用行
	鄅子臺簠 04545 行器 鄅子莫臺鼎g 02498 行器	鄅子莫臺鼎q 02498 行器		寬兒缶 mt14091 行缶 寬兒缶 mt14092 行缶	
燕	邊		鄭	蘇	陳

魯		郳	薛	齊	
 侯母壺 09657.1 用征行  侯母壺 09657.2 用征行	 矦母壺 sh611 用征行		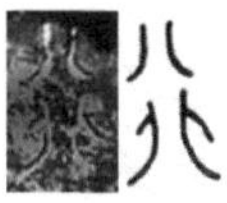 薛侯壺 xs1131 行壺	 齊侯子行匜 10233 齊侯子行作其寶匜	
				 叔夷鐘 00273.1 雩厥行師  叔夷鐘 00273.1 汝巩勞朕行師	 叔夷鎛 00285.2 雩厥行師  叔夷鎛 00285.2 汝巩勞朕行師
		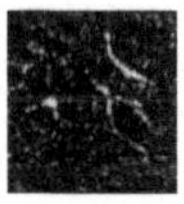 郳大司馬鈚 ms1177 行鈚			

 㠱伯子⿱宀廷父盨 04442.2 以征以行  㠱伯子⿱宀廷父盨 04443.1 以征以行	 㠱伯子⿱宀廷父盨 04443.2 以征以行  㠱伯子⿱宀廷父盨 04444.2 以征以行	 㠱伯子⿱宀廷父盨 04445.1 以征以行  㠱伯子⿱宀廷父盨 04445.2 以征以行	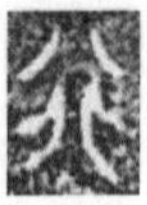 哀鼎g mt02311 用征用行 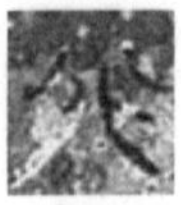 哀鼎q mt02311 用征用行	 鄧公孫無忌鼎 xs1231 用征用行	
					 ⿱陽土侯制随侯鼎 kg2020.7 行鼎
㠱				鄧	唐

			 奚子宿車鼎 02603.1 行鼎  奚了宿車鼎 02603.2 行鼎	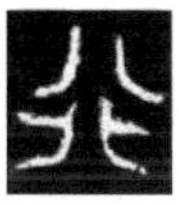 奚子宿車鼎 02604.1 行鼎  郳季寬車匜 10234 行匜	 郳季寬車盤 10109 行盤  郳子宿車盆 10337 行盆
 唐侯制鼎 ms0219 行鼎  唐侯制鼎 ms0220 行鼎	 唐侯制鼎 ms0221 行鼎  唐侯制簋 ms0468 行簋	 唐侯制壺 ms1050 行壺 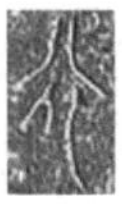 唐侯制壺 mx0829 行壺	 黄子鬲 00687 行器  黄子鼎 02566 行器	 黄子豆 04687 行器  黄子罐 09987 行器	 黄子豆 xs93 行器  黄子盉 09445 行器
唐			黄		

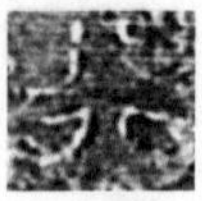 黄子季庚臣簠 ms0589 以征以行					
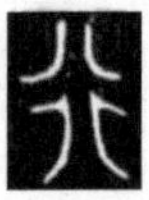 黄子壺 09663 行器	 黄子鑐 09966 行器	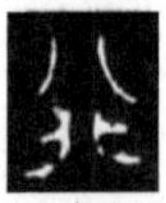 黄君孟鼎 02497 行器	 黄君孟壺 09636 行器	 黄君孟盤 10104 行器	 黄君孟鼎 xs90 行器
 黄子壺 09664 行器	 黄子盤 10122 行器	 黄君孟豆 04686 行器	 黄君孟鑐 09963 行器	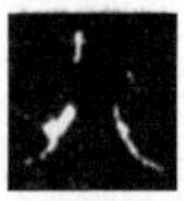 黄君孟匜 10230 行器	 黄君孟壺 xs91 行器

黄

 黄君孟鐳 xs92 行器	 黄君孟豆 ms0606 行器	 黄君孟鐳 ms1176 行器	 樊夫人龍嬴鬲 00675 行鬲	 樊夫人龍嬴鼎 xs296 行鼎	 樊夫人龍嬴壺 09637 行壺
 黄君孟壺 ms1054 行器	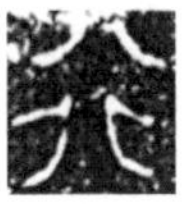 黄子豆 ms0608 行器		 樊夫人龍嬴鬲 00676 行鬲	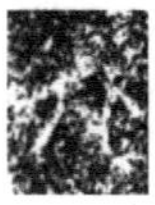 樊夫人龍嬴盤 10082 行盤	 樊夫人龍嬴匜 10209 行匜
黄			樊		

曾伯文鐳 09961 用征行	曾亘嫚鼎 xs1202 行器	曾孟嬴剈簠 xs1199 行簠	曾子斁鼎 mx0146 行器	曾伯霥簠 04631 金道錫行	曾伯霥簠 04632 金道錫行
曾子伯誩鼎 02450 行器	曾亘嫚鼎 xs1201 行器	曾子鼎 ms0210 行鼎	曾子壽鼎 mx0147 行器	曾伯霥簠 04631 以征以行	曾伯霥簠 04632 以征以行
曾公畎鎛鐘 jk2020.1 卲王南行	曾公畎甬鐘A jk2020.1 卲王南行	湛之行鼎甲 kx2021.1 行鼎	湛之行鼎丙 kx2021.1 行鼎	湛之行繁鼎甲q kx2021.1 行繁	湛之行簋甲 kx2021.1 行簋
曾公畎甬鐘A jk2020.1 卲王南行	曾公畎甬鐘B jk2020.1 卲王南行	湛之行鼎乙 kx2021.1 行鼎	湛之行繁鼎甲g kx2021.1 行繁	湛之行繁鼎乙 kx2021.1 行繁	湛之行簋乙 kx2021.1 行簋
巫鼎 ms0557 行緐鼎	曾少宰黄仲酉鼎 eb279 行鼎	曾少宰黄仲酉壺 eb861 行盌	可簠 eb459 行簠	可壺 eb850 行盌	敐之行鼎 01990.1 行鼎
巫簠 ms0557 行器	曾少宰黄仲酉簠 eb467 行簠	曾少宰黄仲酉匜 eb951 行匜	可盤 eb921 行盤	□□行鬲 mx0236 行鬲	敐之行鼎 01990.2 行鼎

曾

曾子牧臣鼎 ms0211 行器	曾子牧臣壺 ms1408 行器	牧臣簋q ms0553 行器	曾侯子鐘 mt15141 行鐘	曾侯子鐘 mt15143 行鐘	曾侯子鐘 mt15145 行鐘
曾子牧臣壺 ms1407 行器	牧臣簋g ms0553 行器	牧臣簋q ms0554 行器	曾侯子鐘 mt15142 行鐘	曾侯子鐘 mt15144 行鐘	曾侯子鐘 mt15146 行鐘
湛之行簋丙 kx2021.1 行簋	湛之行簠甲g kx2021.1 行䀇	湛之行簠乙g kx2021.1 行䀇	湛之行鬲甲 kx2021.1 行鬲	湛之行鬲丙 kx2021.1 行鬲	湛之行壺g kx2021.1 行壺
湛之行簋丁 kx2021.1 行簋	湛之行簠甲q kx2021.1 行䀇	湛之行簠乙q kx2021.1 行䀇	湛之行鬲乙 kx2021.1 行鬲	湛之行鬲丁 kx2021.1 行鬲	湛之行壺q kx2021.1 行壺
曾子遹簠 04488 行䀇	曾侯與鐘 mx1029 吴恃有衆庶行亂	曾公子棄疾鼎g mx0126 行鼎	曾公子棄疾鼎g mx0127 行鼎	曾公子棄疾壺g mx0818 行壺	曾公子棄疾缶g mx0903 行缶
曾子遹簠 04489 行䀇	曾侯與鬲 mx0240 行鬲	曾公子棄疾鼎q mx0126 行鼎	曾公子棄疾壺 mx0819 行壺	曾公子棄疾壺q mx0818 行壺	曾公子棄疾缶q mx0903 行缶

曾

曾侯子鐘 mt15147 行鐘 曾侯子鐘 mt15148 行鐘	曾侯子鎛 mt15763 行鏄(鎛) 曾侯子鎛 mt15764 行鏄(鎛)	曾侯子鎛 mt15765 行鏄(鎛) 曾侯子鎛 mt15766 行鏄(鎛)			
加嬭簠g ms0556 行盙 加嬭簠q ms0556 行盙	嬭加編鐘 kg2020.7 行相曾邦 加嬭簋 mx0375 行簋	連迁鼎 02084.1 連迁之行𪔂 連迁鼎 02084.2 連迁之行𪔂	連迁鼎 mt01468 連迁之行𪔂	曾子屖簠 04528.1 行器 曾子屖簠 04529.1 行器	
曾子義行簠g xs1265 曾子義行 曾子義行簠q xs1265 曾子義行	曾叔旂鼎 mx0109 行鼎 曾孫伯國甗 mx0277 行甗	曾孫卲簠 mx0482 行盙 曾孫卲壺 mx0820 大行之壺	孟芈玄簠 mx0481 行盙 曾工差臣簠 mx0484 行盙	亘多壺 mx0810 行壺 亘多盤 mx0926 行盤	嬟簠 mx0478 行盙 甬巨簠 mx0480 行盙
曾					

曾季关臣盤 eb933 以征以行	曾子缶 09996 行缶	曾都尹定簠 xs1214 行𥂴	曾侯郕戟 11176a 行戟	曾侯郕戟 11177a 行戟	曾侯郕戟 11175 行戟
曾孫喬壺 mx0814 行壺	䝞于盞 04636 行盞	曾子叔牪父簠蓋　04544 行器	曾侯郕戟 11176b 行戟	曾侯郕戟 11177b 行戟	隨大司馬戈 mx1215 行戈

曾

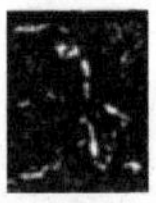 蔡侯紐鐘 00212 行鐘 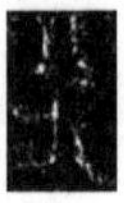 蔡侯紐鐘 00213 行鐘	 蔡侯紐鐘 00215 行鐘  蔡侯龖戈 11140 行戈	 蔡叔𢼸敄戟 mx1170 蔡叔𢼸敄之行	 彭啓簠甲 ww2020.10 以征以行  彭啓簠丙g ww2020.10 以征以行	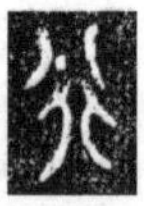 彭啓簠丙q ww2020.10 以征以行  彭啓戟 ww2020.10 行戟	 彭子射繁鼎g mt01666 行繁  彭子射繁鼎q mt01666 行繁
蔡			CE		

		盂城瓶 09980 行鈚(瓶)	鄂侯鼎 ms0230 行鼎 鄂侯夫人鼎 jjmy004 行鼎	鄂侯鬲 ms0319 行鬲 鄂侯簋 ms0464 行簋	
					洨叔鼎 02355 行鼎 盜叔戈 11067 行戈
彭子射盤 mt14388 行盤 彭子射匜 mt14878 行會匜	申伯壺 xs379 申伯諺多之行				
CE					

  鄎子行盆 10330.1 鄎子行 鄎子行盆 10330.2 鄎子行	 叔師父壺 09706 行具 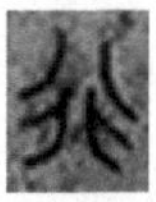 鄝叔義行戈 mx1146 鄝叔義行	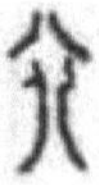 登鐸 mx1048 以征以行  子諆盆 10335.2 行盂	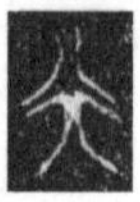 敬事天王鐘 00074 以之大行 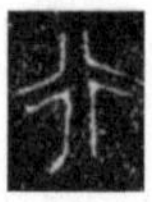 敬事天王鐘 00077 以之大行	 敬事天王鐘 00079 以之大行  敬事天王鐘 00081.2 以之大行	 王子午戟 xs468 行戟  王孫誥戟 xs465 行戟
CE			楚		

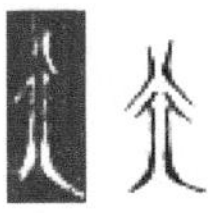 王孫誥戟 xs466 行戟	 童麗君柏鐘 mx1016 行鐘  童麗君柏鐘 mx1017 行鐘	 童麗君柏鐘 mx1018 行鐘  童麗君柏鐘 mx1019 行鐘	 童麗君柏鐘 mx1020 行鐘  童麗君柏鐘 mx1021 行鐘	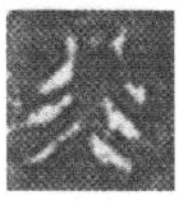 童麗君柏鐘 mx1022 行鐘  童麗君柏鐘 mx1023 行鐘	 童麗君柏鐘 mx1024 行鐘  季子康鎛 mt15787b 以從我師行
 邵之瘠夫戈 mt17057 行戈					
楚	鍾離				

 季子康鎛 mt15788b 以從我師行  季子康鎛 mt15790 以從我師行	 庚兒鼎 02715 用征用行  庚兒鼎 02716 用征用行				
		 姑發習反劍 11718 在行之先  姑發習反劍 11718 至于南行西行	 姑發習反劍 11718 至于南行西行  工𫊸王劍 11665 北南西行	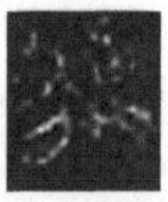 工𫊸王姑發者坂劍　ms1617 以北南西行   攻吴大叔盤 xs1264 行盤	 冉鉦鋮 00428 余以行𠭯師
鍾離	徐	吴			

衜

	尌仲甗 00933 用征用行 右走馬嘉壺 09588 行壺	爲甫人盨 04406 行盨 爲甫人盨 04406 用征用行	爲甫人鼎 mt02064 用征用行 叔夜鼎 02646 以征以行	夢子匜 10245 行彝 梁伯戈 11346.1 梁伯作宫行元用	左行議戈 ms1402 衜(率)戈
	嘉子孟嬴指缶 xs1806 行缶 楚固戈 xs1970 行戈	子陝□之孫鼎 02285 行□ 伯彊簠 04526 行器	公父宅匜 10278 行匜 王孫叔諲甗 mt03362 以征以行		
忾不余席鎮 mx1385 順日有行	𢼸簠 04475 行𥂴	行氏伯爲盆 mx0539 行氏伯			
越					燕

衛

𩁹仲之孫簋 04120 爲尋衛(衛)□子𡩜父	 衛伯須鼎 xs1198 衛伯  衛夫人鬲 00595 衛文君	 衛夫人鬲 xs1700 衛文君  衛夫人鬲 xs1701 衛文君	 衛子叔□父簠 04499 衛子叔旡父  衛量 10369 衛師辛□□	  衛公孫吕戈 11200 衛公孫	
					 仲改衛簠 xs399 仲改衛
	 衛侯之孫書鐘 ms1280 衛侯				
	衛				楚

衠	牙		疋		龠
𢦏伯匜 10246 衠邑戴伯	魯大宰遼父簋 03987 魯太宰遼父作季姬牙媵簋	叔牙父鬲 00674 叔牙父			番叔壺 xs297 番叔□龠
			之乘辰鐘 xs1409 疋剿次留	疋鄱戈 10899 疋鄱	
戴	魯		徐		番

	龤		龢		
	楷侯宰吹壺甲g jk2020.4 楷侯宰⿱品冊(龤) 楷侯宰吹壺甲q jk2020.4 楷侯宰⿱品冊(龤)	楷侯宰吹壺乙g jk2020.4 楷侯宰⿱品冊(龤) 楷侯宰吹壺乙q jk2020.4 楷侯宰⿱品冊(龤)	 秦子鎛 mt15771 竇龢鐘  秦公鐘 00262 盭龢胤士	 秦公鐘 00263 龢鐘 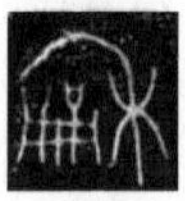 秦公鐘 00265 盭龢胤士	 秦公鐘 00266 龢鐘  秦公鎛 00267.1 盭龢胤士
			 盄和鐘 00270.1 協龢萬民  盄和鐘 00270.2 龢[鎛]		
 中央勇矛 11566.1 勇龠(龠)生安空  中央勇矛 11566.2 勇龠(龠)生[安空]					
	黎		秦		

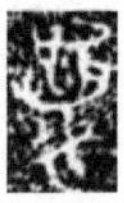

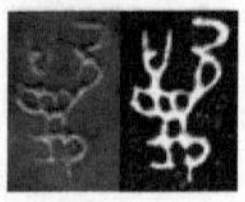

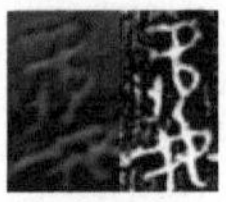

<table>
<tr><td> 秦公鎛
00267.2
龢鐘 

秦公鎛
00268.1
盭龢胤士</td><td> 秦公鎛
00268.2
龢鐘 

秦公鎛
00269.1
盭龢胤士</td><td> 秦公鎛
00269.2
龢鐘</td><td> 戎生鐘
xs1617
既龢叡盄</td><td></td><td></td></tr>
<tr><td></td><td></td><td></td><td> 子犯鐘
xs1012
龢鐘</td><td></td><td></td></tr>
<tr><td></td><td></td><td></td><td></td><td> 衛侯之孫書鐘
ms1279
龢鐘 

衛侯之孫書鐘
ms1280
龢鐘</td><td> 子璋鐘
00113
龢鐘 

子璋鐘
00114
龢鐘</td></tr>
<tr><td colspan="3">秦</td><td>晋</td><td>衛</td><td>許</td></tr>
</table>

			 鼄君鐘 00050 龢鐘		
 子璋鐘 00115.2 龢鐘  子璋鐘 00116.2 龢鐘	 子璋鐘 00117.2 龢鐘  子璋鐘 00118.1 龢鐘	 鄦子盟自鎛 00153 龢鐘  鄦子盟自鎛 00154 龢鐘	 鼄公牼鐘 00149 龢鐘  鼄公牼鐘 00150 龢鐘	 鼄公牼鐘 00149 龢鐘  鼄公牼鐘 00151 龢鐘	 鼄公華鐘 00245 龢鐘  鼄公華鐘 00245 龢鐘
許			邾		

郲	齊			D	曾
				上曾太子鼎 02750 既穌無測	
	齊鞷氏鐘 00142.2 穌鐘	叔夷鐘 00272.2 勠穌三軍徒遹 叔夷鐘 00277.2 穌協而九事	叔夷鎛 00285.2 勠穌二軍徒遹 叔夷鎛 00285.8 穌協而九事		曾公𤳳鎛鐘 jk2020.1 穌鎛 曾公𤳳鎛鐘 jk2020.1 終穌且鳴
郲公孫班鎛 00140 穌鎛					曾侯與鐘 mx1029 穌鐘

			 邛君婦龢壺 09639 邛君婦龢		
 曾公畎甬鐘 A jk2020.1 龢鎛 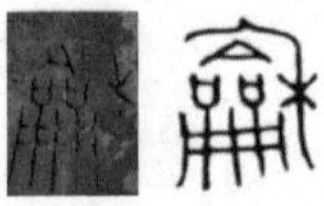 曾公畎甬鐘 A jk2020.1 終龢且鳴	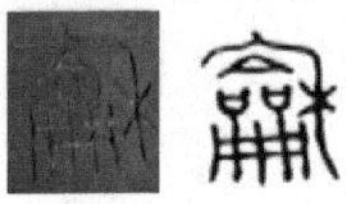 曾公畎甬鐘 B jk2020.1 龢鎛 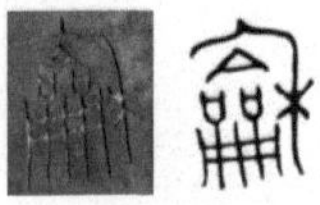 曾公畎甬鐘 B jk2020.1 終龢且鳴	 孏加鎛乙 ms1283 龢鐘  孏加鎛丙 ms1284 龏其兮龢	 登鐸 mx1048 龢鐸		
			 侯古堆鎛 xs276 龢鐘  侯古堆鎛 xs277 龢鐘	 侯古堆鎛 xs278 龢鐘  侯古堆鎛 xs279 龢鐘	 侯古堆鎛 xs281 龢鐘 鄱子成周鐘 mt15256 龢鐘
曾			CE		

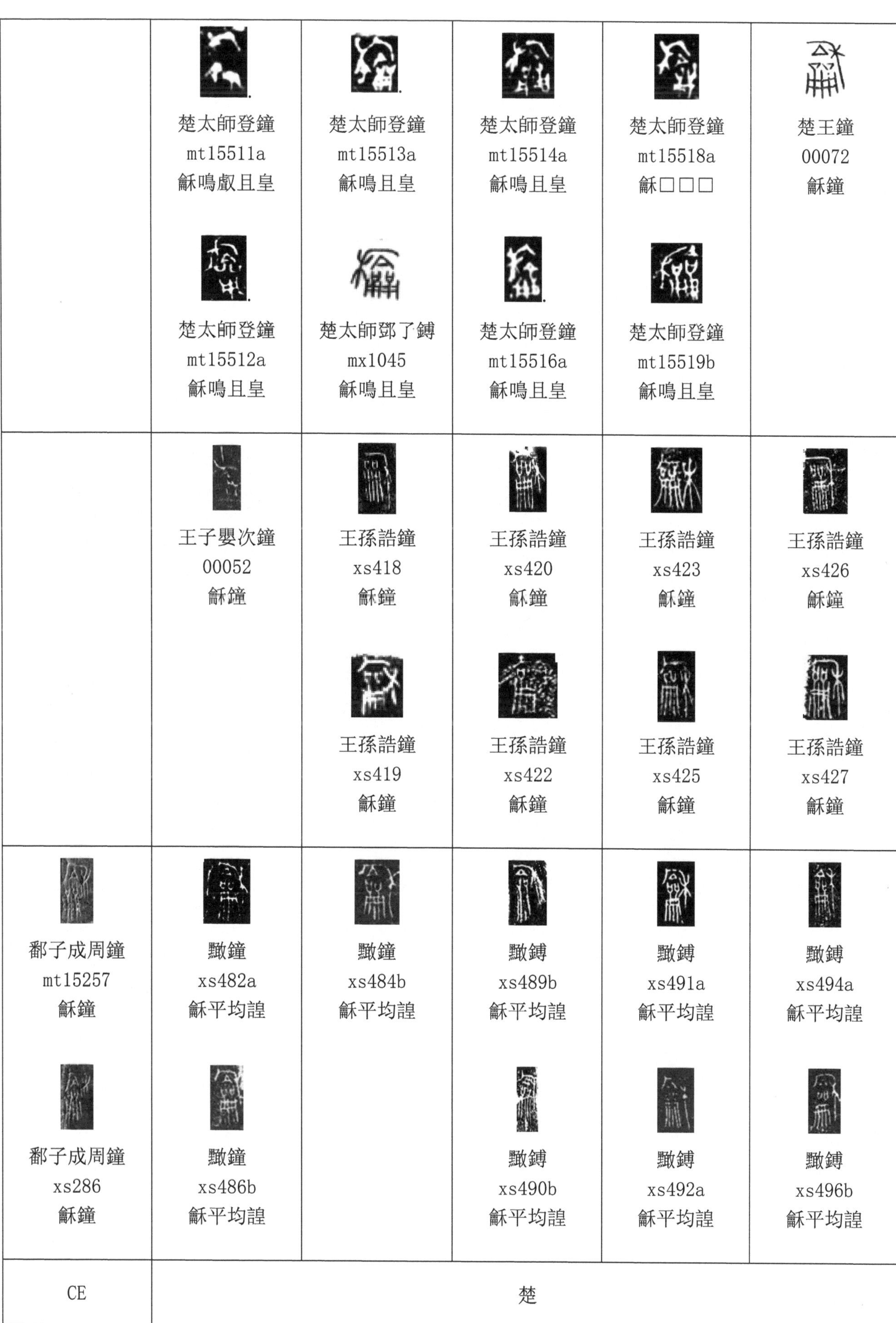

	楚太師登鐘 mt15511a 龢鳴叡且皇 楚太師登鐘 mt15512a 龢鳴且皇	楚太師登鐘 mt15513a 龢鳴且皇 楚太師鄧了鎛 mx1045 龢鳴且皇	楚太師登鐘 mt15514a 龢鳴且皇 楚太師登鐘 mt15516a 龢鳴且皇	楚太師登鐘 mt15518a 龢□□□ 楚太師登鐘 mt15519b 龢鳴且皇	楚王鐘 00072 龢鐘
	王子嬰次鐘 00052 龢鐘	王孫誥鐘 xs418 龢鐘 王孫誥鐘 xs419 龢鐘	王孫誥鐘 xs420 龢鐘 王孫誥鐘 xs422 龢鐘	王孫誥鐘 xs423 龢鐘 王孫誥鐘 xs425 龢鐘	王孫誥鐘 xs426 龢鐘 王孫誥鐘 xs427 龢鐘
鄱子成周鐘 mt15257 龢鐘 鄱子成周鐘 xs286 龢鐘	黝鐘 xs482a 龢平均諻 黝鐘 xs486b 龢平均諻	黝鐘 xs484b 龢平均諻	黝鎛 xs489b 龢平均諻 黝鎛 xs490b 龢平均諻	黝鎛 xs491a 龢平均諻 黝鎛 xs492a 龢平均諻	黝鎛 xs494a 龢平均諻 黝鎛 xs496b 龢平均諻
CE	楚				

王孫誥鐘 xs428 龢鐘 王孫誥鐘 xs429 龢鐘	王孫誥鐘 xs430 龢鐘  王孫誥鐘 xs434 龢鐘	 王孫誥鐘 xs433 龢鐘  王孫誥鐘 xs443 龢鐘	 王孫誥鐘 xs418 龢鐘  王孫誥鐘 xs419 龢鐘	 王孫誥鐘 xs420 龢鐘  王孫誥鐘 xs421 龢鐘	王孫誥鐘 xs422 龢鐘  王孫誥鐘 xs423 龢鐘

楚

王孫誥鐘 xs424 龢鐘 王孫誥鐘 xs425 龢鐘	王孫誥鐘 xs426 龢鐘 王孫誥鐘 xs427 龢鐘	王孫誥鐘 xs428 龢鐘 王孫誥鐘 xs429 龢鐘	王孫誥鐘 xs431 龢鐘 王孫誥鐘 xs436 龢鐘	王孫誥鐘 xs432 龢鐘 王孫誥鐘 xs439 龢鐘	王孫誥鐘 xs441 龢鐘 王孫遺者鐘 00261.1 龢鐘

楚

楚	鍾離	徐			舒
 王孫遺者鐘 00261.2 龢鐘  王孫遺者鐘 00261.2 龢𢐗民人	 季子康鎛 mt15789a 龢鐘  季子康鎛 mt15790a 龢鐘	 庚兒鼎 02715 用龢用鬻(煮)  庚兒鼎 02716 用龢用鬻(煮)			
		 沇兒鎛 00203.1 龢鐘  沇兒鎛 00203.2 龢會百姓	 徐王子旃鐘 00182.1 龢鐘	 余贎逐兒鐘 00183.2 訸(龢)鐘  余贎逐兒鐘 00184.2 訸(龢)鐘	 遷邟鐘 mt15520 龢鐘  遷邟鐘 mt15520 龢鐘

				 者㳚鐘 00193 ［卑］龢［卑平］  者㳚鐘 00194 □□龢剖剖	 者㳚鐘 00195 ［卑］龢俾［平］  者㳚鐘 00195 龢龢倉倉（鏘鏘）
 遷邟鐘 mt15521 龢鐘  遷邟鐘 mt15521 龢鐘	 遷邟鎛 mt15796 龢鐘  遷邟鐘 mx1027 龢鐘	 遷邟鐘 mx1027 龢鐘 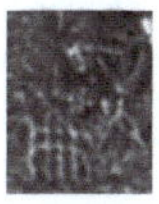 遷邟鎛 mt15794 龢鐘	 遷邟鎛 mt15794 龢鐘	  吴王光鐘 00224.12 龢鐘  吴王光鐘 00224.23 龢［鐘］	 臧孫鐘 00093 龢鐘  臧孫鐘 00094 龢鐘
舒				吴	

龢

者㳄鐘 00196 卑(俾)龢俾[平] 者㳄鐘 00196 龢龢倉倉(鏘鏘)	者㳄鐘 00197.1 俾龢俾平 者㳄鐘 00197.2 龢龢倉倉(鏘鏘)	者㳄鐘 00198.1 俾龢俾平 者㳄鐘 00198.2 龢龢[倉倉](鏘鏘)			
臧孫鐘 00095 龢鐘 臧孫鐘 00096 龢鐘	臧孫鐘 00097 龢鐘 臧孫鐘 00098 龢鐘	臧孫鐘 00099 龢鐘 臧孫鐘 00100 龢鐘	臧孫鐘 00101 龢鐘 叡巢鎛 xs1277 龢鐘	斁鐘 xs482b 至諸長龢(籥) 斁鐘 xs483a 至諸長龢(籥)	斁鐘 xs487b 至諸長龢(籥)
吴				楚	

			⿰龠惠	⿰焚龠	冊
			 者瀊鐘 00197.2 俾汝⿰龠惠⿰龠惠剖剖   者瀊鐘 00198.2 俾汝⿰龠惠⿰龠惠剖剖		 嬭加鎛乙 ms1283 余典冊厥德
  斆鎛 xs489a 至諸長籥(籥) 斆鎛 xs490a 至諸長籥(籥)	 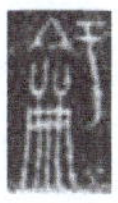 斆鎛 xs491b 至諸長籥(籥) 斆鎛 xs492b 至諸長籥(籥)	  斆鎛 xs494b 至諸長籥(籥) 斆鎛 xs496a 至諸長籥(籥)		  吴王光鐘 00224.20 振鳴且⿰焚龠	
楚			吴	吴	曾

嗣	𩆜				
	者瀘鐘 00197.1 協于我𩆜 者瀘鐘 00198.1 協于我𩆜				
吴王餘眜劍 mx1352 余叡戗邻之歞(嗣)弟					
吴	吴